Michael Riehle hat schon verschiedene DuMont Bildatlanten fotografiert, südliche Ziele faszinieren ihn besonders und mit diesen Gardasee-Bildatlas hat er ein Lieblingsprojekt verwirklicht.

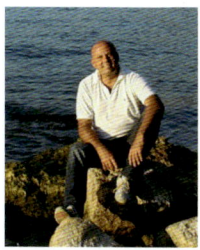

Der Autor **Jochen Müssig** kennt den Gardasee schon seit Kindertagen. Jedes Jahr hält er sich einige Wochen dort auf – auch um alte Freundschaften zu pflegen.

Liebe Leserinnen, liebe Leser!

Unter uns plätschern die Wellen, wir sitzen auf Holzbohlen direkt über dem See und genießen die letzten Sonnenstrahlen des Tages. Vor uns steht ein orangefarbener Aperol aufgefüllt mit Prosecco – das Aperitif-Getränk am Gardasee schlechthin. Diese Stunde am See mag ich am liebsten, wenn die sportlichen Aktivitäten des Tages hinter einem und die lauen Abendstunden noch vor einem liegen.

Lieblingsplätze am Lago

Jeder, der sich regelmäßig am Gardasee aufhält, hat seine persönlichen Lieblingsplätze. Unser Autor, Jochen Müssig, schwört auf das Ostufer, er favorisiert die Gegend rund um Brenzone mit dem mächtigen Monte Baldo im Hintergrund. Mich zieht es immer wieder nach Gargnano an die Westküste (dort gibt es auch die oben beschriebene einfache Bar auf den Holzbohlen am See) – dorthin, wo die hohen Berge langsam etwas zurücktreten und die Weite des Südens schon fast greifbar ist. Aber ich muss zugeben, dass auch Limone, Salò, Sirmione, Malcesine oder Riva del Garda ihren ganz besonderen Reiz haben. Natürlich stellen wir Ihnen alle schönen Orte am Gardasee in diesem DuMont Bildatlas ausführlich vor.

In die Stadt von Romeo und Julia

Ein Abstecher nach Verona, in die Stadt von Romeo und Julia, bietet sich vom Gardasee einfach an. Je nachdem, wo man sein Seedomizil hat, dauert es nicht viel mehr als 30 – 60 Minuten, bis man dort ankommt und kann sich dann getrost auf die Spuren des Liebespaares begeben. Jochen Müssig hat sich einer „modernen Julia" anvertraut und einen ganz besonderen Stadtspaziergang erlebt …

Lassen Sie es sich gut ergehen am Lago di Garda und im reizvollen Umland!
Herzlich Ihre

Birgit Borowski
Programmleiterin DuMont Bildatlas

98–111
LEBEN UND LIEBEN IN VERONA

So ein Abend an der Piazza Bra – ist einfach wunderbar. Vor allem zur Festspielzeit.

DuMont Thema

90–93
ISOLA DEL GARDA

Lange hieß es hier: Betreten verboten. Aber jetzt nicht mehr!

DuMont Aktiv

- 29 *Wanderland? – Wunderland!*
  Unterwegs in den Dolomiten

- 47 *Heißer Ritt über die Wellen*
  Windsurfen am Gardasee

- 65 *Durch die Hölle …*
  … in den Himmel: Mountainbiketour am Westufer

- 81 *Zuerst kommt der Spaß!*
  Segeln lernen bei einem ehemaligen Weltmeister

- 97 *Aufschlag in e-Moll*
  Tennisspielen bei Bardolino

- 111 *Mit dem Rad nach Verona*
  Citytour mal ganz anders

DuMont Thema

76–77
DAS GOLD DES KNORRIGEN BAUMS

Im Herbst ist Erntezeit am Gardasee. Dann hängen die Oliven prall an den Bäumen. Fast alle werden zu einem hervorragenden Öl verarbeitet.

18–29
ALLES KÄSE ODER WAS?

Wo hohe Berge locken, da ist auch die nächste Alm nicht weit. Und wo glückliche Kühe grasen, im Trentino auf der Alm, da kann man gut kasen – also: einen richtig guten Käse machen.

Inhalt

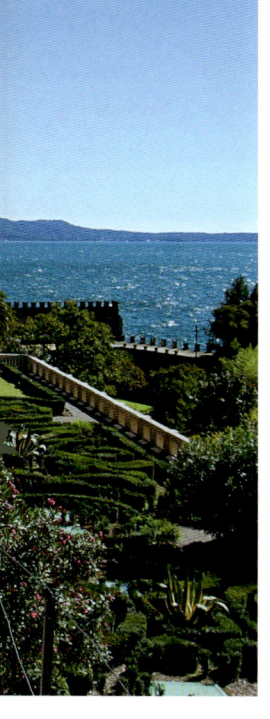

Titelthemen

- 47, 81 RITT ÜBER DIE WELLEN Top-Spots zum Surfen und Segeln
- 29 VERFÜHRT ZUM SEITENSPRUNG Wandern in den Dolomiten
- 106 GROSSE OPER Festspielzeit in Verona

IMPRESSIONEN

8 *„Keine Worte drücken die Anmut dieser so reich bewohnten Gegend aus", meinte einst der reisende Geheimrat, und wo selbst Goethe sprachlos war, da schweigen auch wir hübsch still und lassen stattdessen Bilder sprechen ...*

TRENTINO

18 *Verführt zum Seitensprung*
Unterwegs zum Gardasee sollte man ihn sich einfach gönnen, den Seitensprung ins Trentino, wo vor allem die mächtigen Berge der Dolomiten locken.

26 *Straßenkarte*
27 *Infos*

TRENTINO/LAGO DI GARDA NORD

30 *Wo Wind und Wellen den Tag bestimmen*
Riva und Torbole machen zusammen die schmale Nordküste des Gardasees aus, wo der See wie ein Fjord beginnt.

40 DuMont Thema
Das Feeling macht's
Gardaseetourismus: Schon die Römer liebten den See.

44 *Straßenkarte*
45 *Infos*

LAGO DI GARDA WEST

48 *Im richtigen Licht*
Die Westküste wird häufig als die schönere und vor allem als „die italienische Seite" des Gardasees bezeichnet, ist aber längst genauso „in deutscher Hand" wie die Ostküste.

60 DuMont Thema
Drei Buchstaben, eine Wohltat
Spa ist ein Synonym für Wellness, Beauty und Gesundheit geworden.

62 *Straßenkarte*
63 *Infos*

LAGO DI GARDA OST

66 *Bello Lago – oben ohne*
La dolce Vita mit einem Cabrio an der Gardesana orientale, die an der Ostküste entlang von Nord nach Süd führt.

76 DuMont Thema
Das Gold des knorrigen Baums
Im Herbst hängen die Oliven prall an den Bäumen. Fast alle werden zu einem hervorragenden Öl verarbeitet.

78 *Straßenkarte*
79 *Infos*

LAGO DI GARDA SÜD

82 *Der alte See und das Meer*
Kein Ort. Nirgends. Die Segel hängen schlaff im Sommerdunst. „Heute wär's gut zum Wasserskifahren", unterbricht Aldo Valente die Stille.

90 DuMont Thema
Bei der Contessa mit Tattoo
Für die Isola del Garda galt jahrelang: Betreten verboten. Jetzt nicht mehr!

94 *Straßenkarte*
95 *Infos*

VERONA

98 *Romeo und Julia im 21. Jahrhundert*
Mit einer modernen „Julia" auf einem ganz besonderen Stadtspaziergang.

106 DuMont Thema
Wenn das Schönste verloren geht
Für die Gradinate, die unnummerierten Rangplätze der Arena di Verona, gibt es neue Regeln: sehr zum Verdruss des Publikums ...

108 *Cityplan*
109 *Infos*

ANHANG

112 *Service – Daten und Fakten*
117 *Register*
117 *Impressum*
118 *Lieferbare Ausgaben*

Topziele

Inhalt
6–7

Die bedeutendsten Sehenswürdigkeiten am Gardasee und in Verona sowie Erlebnisse, die Sie keinesfalls versäumen dürfen, haben wir auf dieser Seite für Sie zusammengestellt. Auf den Infoseiten ist das jeweilige Highlight als ▶TOPZIEL gekennzeichnet.

KULTUR

7 Castel Beseno
Die größte Befestigungsanlage des Trentino geht auf das 12. Jahrhundert zurück und gehört zu den beeindruckendsten in der Region.
Seite 29

ERLEBEN

1 Torbole
Morgens um halb sieben blinzeln die ersten Sonnenstrahlen über den Monte Baldo – und der Gardasee ist schon voller bunter Segel.
Seite 46

8 Malcesine
Der Ort und seine Burg faszinierten schon Johann Wolfgang von Goethe sowie Hunderttausende nach ihm.
Seite 79

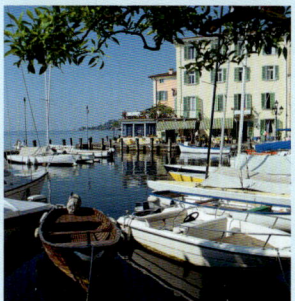

2 Madonna di Monte Castello
Die Wallfahrtskirche aus dem 14. Jahrhundert bietet nicht zuletzt einen der schönsten Ausblicke auf den See.
Seite 63

9 Sirmione
Die Burg und die Grotten – muss man einfach gesehen haben.
Seite 96

3 Gargnano
Der Ort wirkt verschlafen, unaufgeregt, authentisch und gilt als einer der beschaulichsten am Lago.
Seite 64

10 Verona
Ein Ort für Liebesgeschichten. In der Stadt an der Etsch gibt's aber auch viel zu sehen und noch mehr zu staunen.
Seite 109

4 Gardesana orientale
Mit einem Cabrio oder einem Roller 40 grandiose Kilometer am Ostufer entlang. Wo Olivenbäume und Zypressen das Bild bestimmen …
Seite 79

5 „Zanardelli", „Italia"
Auf der „Zanardelli" oder „Italia" – zwei in den Jahren 1903 und 1908 gebauten Schaufelraddampfern – den Gardasee zu befahren, ist ein Muss.
Seite 96

NATUR

6 Isola del Garda
Der Gardasee in seiner schönsten Form, ein Paradies aus Blumen, Architektur und – viel Ruhe.
Seite 97

SALÒ: BLICK AUF DIE BUCHT MIT DEM DUOMO SANTA MARIA ANNUNZIATA

Die größte Stadt am Westufer des Gardasees schmiegt sich zu Füßen des Monte Bartolomeo an das Ende einer schmalen, attraktiven Bucht. Die schmucklose Backsteinfassade des Doms lässt nicht vermuten, dass dieser größte und bedeutendste Sakralbau am See ein Hort wahrer Kunstschätze ist. Manche Schätze liegen eben im Verborgenen, was man vom Gardasee als Ganzem eher nicht behaupten kann: Der stellt seine Reize in einer Pracht und Üppigkeit aus, dass einem die Augen übergehen. Weshalb man, am See angekommen, erst mal innehalten sollte, tief durchatmen und – genießen.

Impressionen
8 – 9

GARDA: MORGENSTIMMUNG AM HAFEN

Die Geschichte vom Fischer und seiner Frau kennt jeder, aber nicht jede Frau ist eine Nymphe, und nicht jeder Mann (selbst wenn manche das kaum wahrhaben wollen) ist ein Gott. Dass Frauen Männern den Kopf verdrehen, war aber schon immer so: auch in Garda. Womit wir dann doch wieder bei einer Nymphe wären und bei einem Gott: dem Wassergott in diesem Fall. Dem soll die Nymphe Engardia, man ahnt es schon, den Kopf verdreht haben: worauf dieser flugs einen großen See erschuf, um sich mit ihr darin zu tummeln. Und dort tummeln sie sich wohl noch heute ...

BARDOLINO: PIAZZA MATTEOTTI MIT DER KIRCHE SANTI NICOLÒ E SEVERO

Anderswo hält man es mit Nymphen, hier ist es eine Prinzessin: Bardoli nämlich, die der Stadt ihren Namen gegeben hat: eine germanische Prinzessin noch dazu, was zeigt, dass der Gardasee immer schon fest in deutscher Hand war. Aber zu behaupten, dass die Germanen dort nach wie vor Sommer für Sommer einfallen würden – das geht dann doch zu weit.

Impressionen
12–13

BEI TORBOLE: DER STRAND, DIE SURFER UND DER SEE

Gut, das mit dem Strand können Sie vergessen. Der ist hier nicht viel mehr als ein Mittel zum Zweck: ins Wasser zu kommen, in den See. Auch auf meterhohe Wellen brauchen sie hier eher nicht zu warten – da müssten Sie dann doch nach Hawaii fliegen. Aber Wind gibt es zuhauf, und was ein echter Surfer ist, der weiß ihn auch so gut zu nehmen: den Wind und den See.

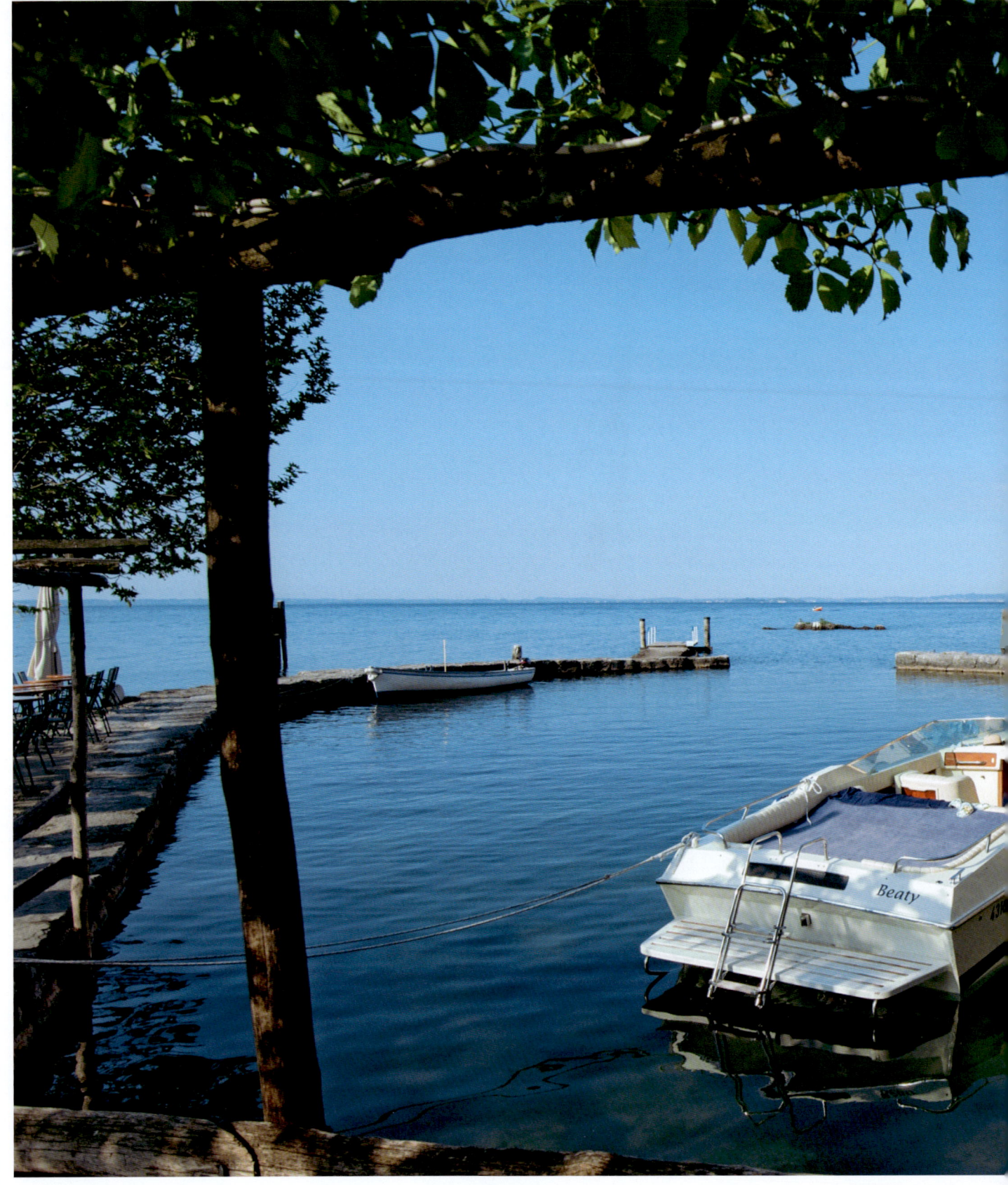

PUNTA SAN VIGILIO: DAS LEBEN EIN TRAUM

„Ich möchte, dass Eure Exzellenz zur Kenntnis nehmen, dass San Vigilio der schönste Ort der Welt ist": Der das behauptete, der Humanist und Rechtswissenschaftler Agostino Brenzone, wusste seine Meinung recht gut zu begründen. Weshalb auch wir sie an dieser Stelle Ihrer Exzellenz, dem Leser, nicht länger vorenthalten wollen: „Die ganze Welt besteht aus drei Teilen: Afrika, Asien und Europa. Der schönste Erdteil ist Europa, und davon ist Italien der schönste Teil, von Italien wiederum die Lombardei, und von dieser der Gardasee und an diesem San Vigilio. Ergo ist San Vigilio der schönste Ort der Welt."

Impressionen
16–17

Trentino
18–19

Verführt zum Seitensprung

Unterwegs zum Gardasee sollte man ihn sich einfach gönnen, den Seitensprung ins Trentino, wo vor allem die mächtigen Berge der Dolomiten locken, sonst aber alles ein wenig kleiner, gemütlicher und ruhiger ist: was Spielräume eröffnet, um mal abseits der geplanten Route in die Burg hier, in das Schloss dort hineinzuschnuppern, Geschichte zu bestaunen und Geschichten zu lauschen. Nicht zuletzt kann man im Trentino auch den Mann, der bei den Bienen schläft, besuchen und echten Priesterwürgern auf die Spur kommen.

Wanderfreuden: Zu den beeindruckendsten Felsformationen der Alpen gehören die Dolomit-Türme des Val di Fassa.

Glaube, Hoffnung, Dolomiten: Wo der Himmel so hoch und so schön ist, erahnt man das Paradies.

So weit die Füße tragen: Im Vorfeld des Gardasees locken hohe Berge, schroffe Felsen und unten in der Ebene eine üppig grüne Vegetation.

„Wem geht ein Wind durchs Herz, unwidersprechlich? / Wer fasst in sich der Vogelflüge Raum? / Wer ist zugleich so biegsam und gebrechlich wie jeder Zweig an einem jeden Baum?" (Rainer Maria Rilke)

„Es ist diese Spannung – die schroffen, graugelben Felswände als Vertikale, das sanfte horizontale Grün darunter –, die den Dolomiten etwas Unvergleichliches gibt." (Reinhold Messner)

Dieser Teil der Alpen besitzt eine Vielfalt aus Wänden, Türmen, Zinnen, Zacken, Gipfeln und Becken, die ihresgleichen sucht. Dazu gesellen sich sattgrüne Almen, bewirtschaftete Hochplateaus, dunkle Seen und dichte Wälder – welch ein Kontrast!

Vor Millionen von Jahren waren die Dolomiten ein Korallenriff. Dann verschoben sich die Kontinentalplatten, der gewaltige Druck hob die Erde und faltete sie zu einem mächtigen Gebirge auf, das am 26. Juni 2009 zum UNESCO-Welterbe erklärt wurde. Auf italienischer Seite, im Trentino, gehören die Dolomiti di Brenta dazu, der westlichste Bergstock der Dolomiten.

BLEICHE BERGE, ZACKIGE GIPFEL

Die Dolomiten werden ja auch die bleichen Berge genannt, weil ihre zackigen Gipfel so herrlich weiß strahlen, als ob sie damit ihre Einzigartigkeit noch unterstreichen wollten. Das helle Gestein fiel im Sommer 1789 auch einem französischen Wissenschaftler namens Déodat de Dolomieu auf. Er fand darin ein bis dato unbekanntes Mineral, das ihm zu Ehren Dolomit genannt und das zum Namensgeber des Gebirges wurde.

Für Le Corbusier, einen der bedeutendsten Architekten des 20. Jahrhunderts, waren die Dolomiten „die eindrucksvollsten Bauwerke der Welt". Und wenn man heute irgendwo in diesem Gebirge umherwandert, dann unterschreibt man diese Aussage gern – obgleich der Himalaya doch viel höher und die Anden doch viel länger sind. Aber dieser Teil der Alpen besitzt eine Vielfalt aus Wänden, Türmen, Zinnen, Zacken, Gipfeln und Becken, die ihresgleichen sucht. Dazu gesellen sich sattgrüne Almen, bewirtschaftete Hochplateaus, dunkle Seen und dichte Wälder – welch ein Kontrast! Zudem geben die Dolomiten sichtbare Aufschlüsse über die Erdgeschichte, erzählen viele Sagen und Legenden, sind die Heimat vieler ambitionierter Bergsteiger und Wintersportler. Und nicht zuletzt sind sie eben: unsagbar schön.

BURGEN UND SCHLÖSSER ZUM ANFASSEN

Die Sonne scheint, der Kaffee duftet, das Gebäck ist noch warm: Frühstück im „Relais Palazzo Lodron". Der Patron, Graf Andreas Spiegelfeld, machte aus dem edlen Adelssitz nicht nur ein feines Hotel mit neun Zimmern, sondern er legt auch selbst Hand dort an, um seine Gäste zu bedienen. „Ist dieser Raum nicht herrlich?", fragt er, und die Augen seiner Gäste wandern von den verführerischen Spiegeleiern auf den Tellern langsam die historischen Bögen entlang. Doch bevor jemand antworten kann, fügt Graf Andreas hinzu: „Dabei hat der Raum eine so entsetzliche Vergangenheit. Er war der Gerichtssaal, in dem im Jahr 1647 mehrere Frauen unschuldig als Hexen zum Tode verurteilt wurden."

Im Kerker ist jetzt der Weinkeller; aus den Stallungen machte er moderne, niveauvolle Gästezimmer.

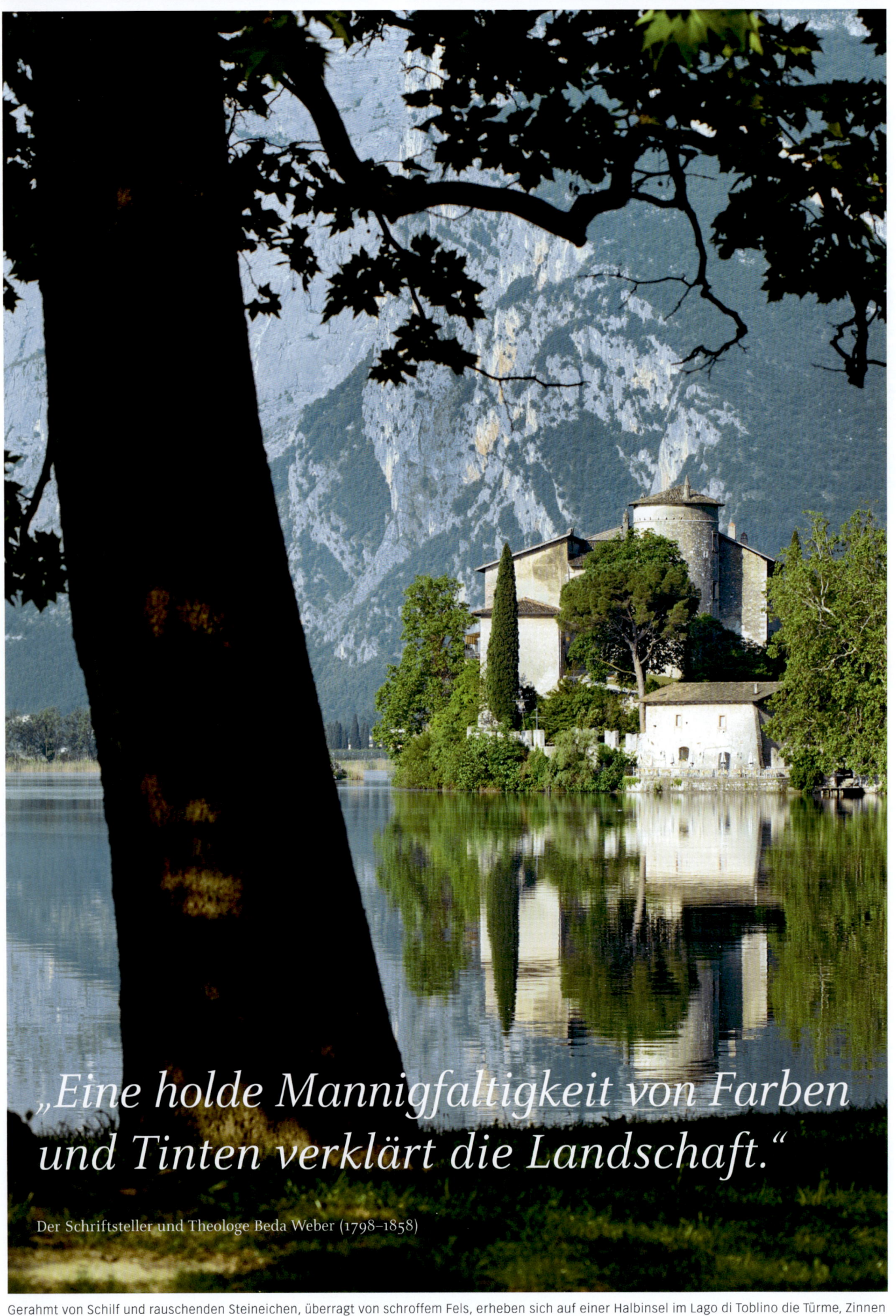

„*Eine holde Mannigfaltigkeit von Farben und Tinten verklärt die Landschaft.*"

Der Schriftsteller und Theologe Beda Weber (1798–1858)

Gerahmt von Schilf und rauschenden Steineichen, überragt von schroffem Fels, erheben sich auf einer Halbinsel im Lago di Toblino die Türme, Zinnen und Mauern des Castel Toblino, in dem einst die Trienter Fürstbischöfe den Sommer über residierten.

Castel Thun: Die schönste Burg im Val di Non war seit dem 13. Jahrhundert Sitz der mächtigen Grafenfamilie Thun; seit 1992 gehört die Festung der Provinz Trient.

Castel Pergine: Mehrere Türme umgeben den mittelalterlichen Palas der Festung.

Special — FERSENTAL/BERSNTOL/VALLE DEI MÒCHENI

Ein Tal drei Sprachen

Im Büro von Leo Toller hängen Urlaubspostkarten an der Wand: aus New York, vom Oktoberfest, aus Tromsø, von den Kanarischen Inseln – man kann nicht behaupten, die Fersentaler kämen aus ihrem Stichtal nordöstlich von Trient nie heraus. „Für manche stimmt's, für andere nicht", sagt Toller, der sich am Istituto Culturale Mòcheno um die Sprache seiner Leute kümmert: Fersentalerisch ist kein Dialekt, sondern eine eigene Sprache, eine von mehr als 6500 weltweit.

Das Tal wurde im 14. Jahrhundert von Bayern besiedelt, und bis heute sprechen 70 Prozent der rund tausend Fersentaler noch immer ihre Sprache, die ein Oberbayer übrigens gut verstehen kann – im Gegensatz zu vielen jungen Fersentalern, die fast ausschließlich italienisch sprechen. Deshalb trat 2008 ein Gesetz in Kraft, das in den Schulen im Fersental Fersentalerisch als Unterrichtsfach vorgibt. Die Tageszeitung „Alto Adige" kommt alle zwei Wochen mit einer Fersentaler-Regionalseite heraus. Sogar eine gültige Grammatik und ein Wörterbuch gibt es: Denn das Fersental soll ja auch in Zukunft eine Sprachinsel für das Fersentalerische bleiben.

Ruhe und Abgeschiedenheit im Fersental

MODERNE KUNST IM KERKER

Auch im „Castel Pergine" kann man übernachten, und im ehemaligen Kerker wird moderne Kunst ausgestellt. „Wir respektieren die Gemächer", sagt die Schlossherrin Verena Schneider-Neff, die alle Geschicke des im Jahr 1177 erstmals erwähnten Castels leitet, „aber wir möchten trotzdem, dass die Burg lebt. Dazu gehören die Kunst und vor allem auch das Essen." Richtig: Das Trentino hat ja nicht nur Berge und Burgen, sondern auch kulinarische „Erhebungen" ...

DIE PRIESTERWÜRGER

Im Castel Stenico kann man heute weder essen noch schlafen, dafür aber auf eine Zeitreise gehen: vom Mittelalter, der ursprünglichen Wallburg aus dem 12. Jahrhundert, bis in die Renaissance. Interessant wäre es auch zu erforschen, was die drei Bischöfe Vanga, Hinderbach und Clesio, die die Geschichte von Stenico maßgeblich beeinflussten, zu ihrer Zeit wohl auf dem Speisezettel hatten. Nein, winkt der Dorfpfarrer ab, Strangolapretti waren das nicht, die kamen erst viel später. „Strangolapretti" heißt wörtlich übersetzt „Priesterwürger" und bezeichnet Spinat-Gnocchi in Salbei-Butter-Sauce – eine kalorienschwangere Köstlichkeit, bei der sich selbst hohe kirchliche Würdenträger nicht beherrschen konnten und Stück um Stück

Einst von den Römern zum Schutz des Etschtals gegründet, wurde Trient (oben links die freskengeschmückte Casa Alberti-Colico in der Via Belenzani, rechts der Domplatz mit dem Neptunbrunnen) im Jahr 1027 vom deutschen Kaiser Konrad II. zum Bischofssitz erhoben und ist heute eine hübsch renovierte urbane Schatztruhe am Schnittpunkt zwischen dem deutschsprachigen Südtirol und dem italienischsprachigen Trentino und Veronese. Unten: Käserei in Cavalese, dem Hauptort im Val di Fiemme

Trients vollständig von historischen Fassaden eingerahmter Domplatz gehört zu den schönsten Plätzen in ganz Oberitalien.

Der Gardasee „ist die erste italische Jungfrau, welche dem blöden, blonden Germanen, der von den Alpen heruntersteigt, mit dunklem südlichen Blicke in's Herz hineinsieht".

Heinrich Laube, Reisenovellen, 1834

in sich hineinwürgten (im Sinne von hineinschaufeln), bis die Kutte spannte.

GESCHICHTE UND GESCHICHTEN

Es ist gegen 15.00 Uhr. Die Ora, der warme Südwind, hat gerade eingesetzt, aber es ist alles andere als idyllisch. Draußen, vor den starken, bis zu 250 Meter langen Mauern von Castel Beseno, tobt der Krieg. Wir schreiben das Jahr 1487. Trentiner Truppen liefern sich eine erbitterte Schlacht gegen das venezianische Heer. Der Doge von Venedig versucht, das Etschtal unter seine Kontrolle zu bringen. Der Plan misslingt: Rund 6000 Venezianer kommen ums Leben.

KAHNPARTIEN IM MONDENSCHEIN

Um Castel Toblino wurde nie gekämpft. Aus der ursprünglichen Festung entstand im 16. Jahrhundert eine noble Adelsresidenz. Das romantisch auf einer Halbinsel im gleichnamigen See gelegene Wasserschloss ist wie geschaffen für Seitensprünge. Den bekanntesten leistete sich der Trentiner Fürstbischof Madruzzo, der sich dort mit seiner Geliebten Claudia Particella traf. Es gab Kahnpartien im Mondenschein, aber auch Mordversuche: Übereifrige Priester hatten es auf Claudia abgesehen. Im 20. Jahrhundert wurde sogar eine Fortsetzungsgeschichte daraus. In der Trien-

ter Zeitung „Il Popolo" verfasste sie ein gewisser Benito Mussolini. Dreizehn Jahre später stürzte der zunächst noch sozialistische Poet als Diktator Italien in den faschistischen Abgrund.

SÜSSE SÜNDEN ZUM NIEDERKNIEN

Ein letzter Orts- und Zeitwechsel: Unweit von Castel Thun, der schönsten Burg im Val di Non – seit dem 13. Jahrhundert Sitz der mächtigen Grafenfamilie Thun und erst seit 1992 im Besitz der Provinz Trient –, stehen in sechs verschiedenfarbigen Holzkisten sechs mal 60 000 Bienen mit jeweils einer Königin auf der Ladefläche eines Pickup. Kein Summen ist zu hören, keine Biene zu sehen. Die fleißigen Bienchen schlafen, nur der Mond beleuchtet die Gegend.

Auch Cristiano Meneghin wird heute Nacht bei seinen Bienen im Auto schlafen, um zu spüren, wann die Tiere im Morgengrauen langsam unruhig werden. Dann wird der Imker die Holzkisten öffnen, und die Bienen werden in einem Radius von 18 Kilometern zu 70 Prozent Rhododendron sammeln – denn der blüht gerade – und zurückbringen zu ihm, der bei den Bienen schläft, damit er daraus eine süße Sünde macht; einen Honig zum Niederknien.

Infos

Burgen, Bienen, Bersntoler

Zwischen der hochalpinen Marmolata und dem mediterranen Gardasee erstreckt sich das Trentino. Klein, aber fein, gekrönt von zahllosen Berggipfeln und wunderbaren Schlössern darunter, gesegnet mit klaren Seen und einer frappierend ehrlichen, herrlich einfachen Küche: beste Voraussetzungen für eine Entdeckungstour.

01 TRENTO

Trento (115 000 Einw.), zu Deutsch Trient, ist Namensgeberin und Hauptstadt des Trentino.

Sehenswert/Museum

Buonconsiglio, im 13. Jh. als kaiserliches Schloss erbaut und ehemaliger Sitz der Fürstbischöfe, wurde schon 1494 von Albrecht Dürer auf einem Aquarell verewigt. Der runde Augustus-Turm dominiert die Anlage, die über der Stadt thront (Di.–So. 10.00–18.00 Uhr, www.buonconsiglio.it). Das Zentrum bestimmt der **Domplatz** mit der Kathedrale **San Vigilio**, **Palazzo Pretorio** und dem Neptunbrunnen. Der Bronze-Neptun ist allerdings eine Nachbildung. Das Original aus dem 18. Jh. steht im **Rathaus**. Herausragend ist das **Mart**, das Museo di Arte moderna e contemporanea, mit 30 000 Werken der Kunst des 20. und 21. Jh. Das Spektrum reicht von italienischen Künstlern wie Sironi oder Morandi bis zur amerikanischen Pop-Art von Warhol oder Lichtenstein (Di.–So. 10.00 bis 18.00, Fr. bis 21.00 Uhr, www.mart.trento.it). Im Juli 2013 öffnet das Wissenschaftsmuseum **Muse** mit dem Schwerpunkt Alpenraum. Anfassen und experimentieren erlaubt (www.muse2012.eu).

Veranstaltungen

Auch Trento hat sein Palio. Im Juni wird jährlich das **Feste Vigiliane** gefeiert, ein historisches Spektakel zu Ehren des Schutzheiligen Vigilius. Höhepunkt ist das Palio dell'oca auf der Etsch (Termine unter www.festevigiliane.it).

Restaurant/Unterkunft

€€ **Antica Trattoria al Volt** mit typisch trentinischer Küche zu vernünftigen Preisen (Via San Croce 16, Tel. 0461/98 37 76).
Gut 10 km außerhalb des Zentrums: Das €€ **Castel Pergine** ist ein Hotelschloss zum Anfassen, ohne peinliche Möchtegern-Noblesse. Küche und Kunst werden in dem auf 3-Sterne-Niveau angesiedelten Haus groß geschrieben (Via al Castello 10, 38057 Pergine Valsugana, Tel. 0461/ 53 11 58, www.castelpergine.it).

Umgebung

Ein Abstecher ins urige **Valle dei Mòcheni** (Fersental/Bersntol) ist wie eine Reise in eine zeitlose Welt. Von Pergine Valsugana kann man über die Straße westlich des Bersn hinein- und östlich des Flusses wieder zurückfahren. Tipp: Unbedingt am **Filzerhof** stoppen, einem typischen Bersntoler Bauernhof (Tel. 0461/55 00 73).

Information

Tourismusverband, Via Manci 2,
Tel. 0461/21 60 00, www.apt.trento.it

02 VAL DI FASSA

Das Fassatal (nicht auf der Straßenkarte) gehört zu den schönsten Bergregionen im Trentino.

Trento: Neptunbrunnen und Kathedrale

Sehenswert

Auch ohne Wander- oder Bergsteigambitionen, sollte man sich die **Marmolata**, den höchsten Berg der Dolomiten mit 3343 m, nicht entgehen lassen. Die Seilbahn führt auf 3265 m.

Aktivitäten

Im Sommer darf auf wunderbaren Wegen gewandert werden – im Tal und auf der Höh'. In Sachen **Wintersport** gibt's Weltklasseniveau: 230 km Pisten in 9 verschiedenen Skigebieten mit Zugang zur – sich um die majestätischen Dolomitenpässe schlängelnden – Sellaronda sprechen für sich.

Unterkunft

Auf 2530 m, am Costabella-Gipfel, liegt das € **Rifugio Passo Sella**. 24 einfache Schlafplätze für wenig Geld, aber in grandioser Lage (geöffnet Juni–Sept., Tel. 0471/79 51 36, www.passo-sella.it).

Umgebung

Vor dem Fassa-Tal liegt das **Val di Fiemme**, und wer in Predazzo nach Osten abbiegt, der kommt nach 35 km nach San Martino di Castrozza, den Ausgangspunkt für Touren zur **Pala di San Martino** (2987 m), neben **Marmolata** und **Brenta-Gruppe** das dritte Gebiet im Trentino, das zum Weltnaturerbe **Dolomiten** gehört.

Information

Tourismusverband, Strèda Roma 36,
38032 Canazei, Tel. 0462/60 95 00,
www.fassa.com

03 VAL DI NON

Das Nonstal liegt im zentralen Norden, ist das breiteste Tal im Trentino und bekannt für Obstanbau, seinen Berghonig und Castel Thun.

Sehenswert

Castel Thun existiert bereits seit dem Jahr 1250 und liegt erhaben über der Ortschaft Vigo di Ton. Die ausgeklügelte Befestigungsanlage mit Türmen, Basteien, Wehrgang, Schlossmauern, Gräben und Zugbrücke wurde unlängst aufwendig restauriert (www.castelthun.com, Di.–So. 10.00–18.00, Nov.–April 9.30–17.00 Uhr).

Einkaufen

Honig in 25 Geschmacksrichtungen, von A wie Arancio (Orange) bis T wie Timo (Thymian), gibt es in der 1921 gegründeten Imkerei **Mieli Thun** zu kaufen. Besonders gut ist der Quintessenza-Honig (Via Castel Thun 8 oder im E-Shop unter www.mielithunshop.it). Schinken – drei Wochen in Rotwein, Wacholder und Pfeffer eingelegt und dann ein Jahr abgehangen – kann bei **Ricardo Gelpi** gekauft werden, der seine Schweine auch selbst züchtet. Außerdem bietet er in seiner renovierten Schlossruine 4 Zimmer zu 80 Euro an (Agritur Castel Vasio in Fondo, Tel. 0349/473 14 41, www.castelvasio.net).

Restaurant

Danilo Segna ist der Restaurantchef, Frau Silvana herrscht in der Küche und die Kinder Giulia und Francesco bedienen im €€ **Ristorante Alpino** mit ausgezeichneter trentinischer Küche (Piazza Municipio 23, Brez, Tel. 0463/87 43 96).

Unterkunft

Fast am Ende des Nonstals bietet das Hotel €€€ **Orsogrigio** in Ronzone nur zehn, aber vom allerfeinsten ausgestattete Zimmer und ein Gourmetrestaurant mit gediegener Silber- und Damast-Atmosphäre (Via Regole 10, Tel. 0463/88 05 59, Fax 0463/88 05 89, www.orsogrigio.it).

Information

Tourismusverband, Via Roma 21, 38013 Fondo,
Tel. 0463/83 01 33, www.visitvaldinon.it

Infos

Tipp

Zu Gast bei Silvio

Im Trentino kann man wahrlich gut, zuweilen sogar fürstlich speisen. Aber mit der €€ **Osteria del Fiore** in dem kleinen Örtchen Poia bei Terme di Comano (in der Umgebung von **05 Stenico**) findet man eine Osteria Tipica Trentina der ganz einfachen Art: Als Antipasti gibt es Polenta, Nusssalami und Carne Salada. Das Primo, Na Fetta e en Gnoc, hausgemachte Nudeln mit (!) Kartoffelklößchen, steht in ganz Italien wahrscheinlich nur bei Silvio Salizzoni auf der Karte. Als Secondo kommt zartestes Lomaso-Rind vom Grill und zum süßen Ende eine Zuppetta di Frutta con Vino Cotto auf den Tisch.

Und das alles für 28 Euro:
Tel. 0465/701401, www.albergofiore.it

04 MADONNA DI CAMPIGLIO

Nahe der Brenta-Gruppe auf gut 1500 m Höhe gelegen, gehört der Ort (1800 Einw.) zu den großen Namen im alpinen Wintersport. Jedes Jahr gastiert der alpine Skiweltcup mit mehreren Wettkämpfen in Madonna.

Aktivitäten
Wintersportler finden hervorragende Bedingungen. Das **Skigebiet** ist sehr weitläufig, es erstreckt sich bis auf 2600 m.

Unterkunft
Inmitten einer grandiosen Bergkulisse liegt die Berghütte € **Alimonta** mit knapp 100 einfachen Betten, die günstig zu buchen sind (geöffnet 20. Juni–20. Sept., Vedretta degli Sfulmini, Tel. 0465/440366, www.rifugioalimonta.it).

Information
Tourismusverband, Via Pradalago 4,
38086 Madonna di Campiglio,
Tel. 0465/447501, www.campiglio.to

05 STENICO

Klein, aber berühmt für sein außergewöhnliches Schloss: Gerade mal 1000 Einwohner leben in diesem Ort.

Sehenswert
Castel Stenico thront seit dem 12 Jh. über dem Ortskern und bietet den Besuchern eine Architekturreise vom Mittelalter in die Renaissance und damit von karg und abweisend, wie sich das Äußere bis heute gibt, zu elegant und einladend in Teilen des Inneren (Di.–So. 9.30 bis 17.00 Uhr).

Einkaufen
Käse direkt vom Bauernhof kaufen und zuvor probieren kann man in der **Azienda Agricola Fontanél** in Fiavé (Via 3 Novembre 111, Verkostung nur auf Vorbestellung, Tel. 0339/7995393).

Unterkunft
Die €€€ **Villa di Campo** ist ein Herrschaftssitz auf 4-Sterne-Niveau mit gutem Spa, leckerer Küche und der energiegeladenen Besitzerin Cristina Cattoni (ab 134 Euro/DZ, Campo Lomaso 40, 38070 Terme di Comano, Tel. 0465/700052, www.villadicampo.it).

Umgebung
Unweit von Stenico befinden sich die Thermen von **Comano**, die schon zur Römerzeit bekannt waren; Anwendungen vor allem gegen Hautkrankheiten (www.termecomano.it). Der nördlich gelegene Naturpark **Adamello-Brenta** ist ein wunderschönes Berggebiet – mit viel Glück kann man sogar ein braunes Wunder erleben: die letzten autochthonen Braunbären der Alpen. **Rango**, knapp 13 km südwestl.,gehört mit seinen mittelalterlichen Gassen zu den schönsten Dörfern Italiens. Der **Sarca-Flusspark** und vor allem die Limarò-Klamm lohnen ebenfalls einen Abstecher. Südlich breitet sich das **Valle dei Laghi**, das Tal der Seen, aus, wo einige der knapp 300 Seen im Trentino zu finden sind: **Lago Bagatoli**, **Cavedine**, **Lagolo** und am schönsten der **Lago di Toblino** mit **Castel Toblino** auf einer Halbinsel.

Information
Tourismusverband, Via C. Battisti 38d,
38070 Ponte Arche, Tel. 0465/702626,
www.visitacomano.it

06 ROVERETO

Das barocke Städtchen mit seinen knapp 40000 Einwohnern hat nicht nur die berühmte Autobahnausfahrt Rovereto-Sud (für den nördlichen Teil des Gardasees), sondern auch noch einige Überraschungen zu bieten.

Sehenswert/Museum
Die zentrale **Piazza Antonio Rosmini** wird bestimmt durch eine 20 m hohe Fontäne, die an den Wasserreichtum der Stadt erinnert. Das **Barocktheater Riccardo Zandonai** mit vier Rängen war das erste Theater im Trentino. Kurios wirken die mit Überhang gebauten Häuser am Bach Leno bei der Brücke Forbato. Über al-

Ein rauschendes Fest: Kostümball des Carnevals Asburgico in Madonna di Campiglio

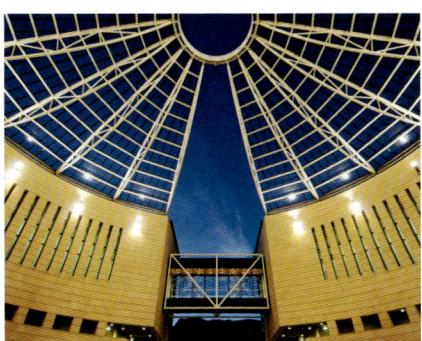

Rovereto: Museum für Moderne Kunst

lem thronen mächtig das Mausoleum **Castel Dante** und die Festungsanlage **Castello di Rovereto**, die um 1300 erbaut wurde. Im Kastell ist das **Museo Storico Italiano della Guerra**, Italiens größtes historisches Kriegsmuseum, beheimatet. Im Ersten Weltkrieg verlief die Front zwischen Österreichern und Italienern geradewegs durch die Stadt (Kernöffnungszeiten Di.–So. 10.00–18.00 Uhr). Vom Tessiner Stararchitekten Mario Botta entworfen wurde das Kunstmuseum, **Museo d'Arte moderna e contemporanea di Trento e Rovereto** (MART, Corso Bettini 43, www.mart.trento.it; Di.–So. 10.00–18.00, Fr. bis 21.00 Uhr).

Einkaufen
Andrea **Marzadro** bietet beste Grappe an und lässt sie auch verkosten – übrigens mit Milch und Grissini zum Neutralisieren (Via per Brancolino 10 in Nogaredo, www.marzadro.com).

Unterkunft
Das €€€ **Relais Palazzo Lodron** gibt sich innen modern mit 4 Sternen und von außen als ein nahezu unveränderter Palast aus dem 17. Jh. – mit einem echten (deutsch sprechenden) Grafen als Patron (ab 120 Euro/DZ, Via Conti Lodron 5, 38060 Nogaredo, Tel. 0464/41 31 52, www.relaispalazzolodron.it).

Umgebung
Die Friedensglocke **Maria Dolens** läutet täglich vom Miravalle auf Trento, die Stadt des Friedens. Sie wurde 1924 aus Kanonen der am Ersten Weltkrieg beteiligten Staaten gegossen und dient als Mahnmal und hörbares -signal gegen alle Kriege. Das **Castel Beseno** ▶TOP-ZIEL ist die größte Befestigungsanlage des Trentino. Beseno geht auf das 12. Jh. zurück, war der Mittelpunkt zahlreicher Schlachten und ist ein beeindruckendes Monument.

Information
Tourismusverband, Corso Rosmini 6, 38068 Rovereto, Tel. 0464/43 03 63, www.visitrovereto.it

DuMont Aktiv

Wanderland? – Wunderland!

Die spektakulären Dolomiten laden selbst Wandermuffel ein, die Stiefel zu schnüren, die Brotzeit zu packen und die Natur zu erobern. Wichtig ist jedoch, dass man sich nicht übernimmt und die passende Tour für die eigene Konstitution findet.

197 Bergführer gibt es im Trentino. Man kann sich aber auch online vorbereiten oder ganz auf eigene Faust losziehen. Online wandern bedeutet, dass sich der Bergfex alle Informationen, wie Kartenmaterial, Angaben zu Höhen, bewirtschafteten Almen oder Schutzhütten, vor dem Start herunterlädt. Ein Tagesmarsch ist ebenso möglich wie mehrere Tage zu wandern, mit oder ohne Gepäck, allein oder betreut. Letzteres heißt, sich in die organisatorische Obhut eines Veranstalters zu geben, der für den Gepäcktransport und alle nötigen Reservierungen sorgt. 140 trentinische Schutzhütten, meist über der 2000-Meter-Marke gelegen, bieten Obdach, noch weit mehr Pensionen bieten kuschligere Schlafstätten und viele Sterne-Hotels sogar noch Sauna und Dampfbad zum Entspannen nach einem langen Wandertag. Besonders interessant ist die Vereinigung „Dolomiti Walking Hotels". 18 Trentiner Hoteliersfamilien haben sich unter diesem Dach zusammengeschlossen. Sie alle bieten ideale Ausgangspunkte für Wanderer und leihen den Gästen nicht nur die notwendige Ausrüstung, sondern geben auch Informationen, Tipps und Ratschläge, wie man sie eben nur von Einheimischen vor Ort erhält: ob es nun der Hinweis auf einen ganz besonderen Aussichtspunkt oder auf eine Alm mit Käserei ist.

Grandios: der Blick auf die Sella-Gruppe

WEITERE INFORMATIONEN

Bergführer:
www.guidealpinetrentino.it

Online wandern: perfekt für die Brenta-Gruppe zusammengestellt unter *www.dolomitibrentatrek.it*

Tourenvorschläge:
www.visittrentino.it/de/outdoor

„Dolomiti Walking Hotels":
www.dolomitiwalkinghotel.it

Trentino/Lago di Garda Nord

Wo Wind und Wellen den Tag bestimmen

Riva und Torbole machen zusammen die schmale Nordküste des Gardasees aus, wo der See noch im Trentino wie ein skandinavischer Fjord beginnt. Nur stehen statt Tannen Palmen am Ufer, statt Anorak trägt man ärmelfrei. Das große Riva hat historische Grandezza, das kleine Torbole die junge Surfelite. Für beide Ortschaften regelt der Wind den Tagesablauf. Vormittags bläst vom Norden der Pelér, der „König der Gardaseewinde", nachmittags sein Gegenstück, die Ora, vom Süden. Als ob man seine Uhr danach stellen könnte.

So lang die Winde wehen – kommt man auf dem Gardasee nicht nur mit dem Surfbrett, sondern auch mit dem Segelboot gut voran.

Wie ein Adlerhorst thront die im 12. Jahrhundert errichtete Burg der Grafen von Arco auf dem nach Norden hin steil abfallenden Felsen hoch über dem gleichnamigen Luftkurort.

Am Lago di Tenno (oben und rechts) lassen einen das klare türkisfarbene Wasser und das Inselchen in der Mitte die Berge ringsherum fast vergessen. Zwei Kiesstrände laden zum Baden ein – eine ideale Erfrischung nach einer idyllischen Wanderung am Ufer entlang.

Blick auf Riva del Garda: Veroneser, Mailänder und Venezianer, Tiroler Grafen und Trienter Bischöfe stritten sich in der Vergangenheit um diesen bedeutendsten Hafen am nördlichen Gardasee.

Special — LAGO DI LEDRO UND LAGO DI TENNO

Steinzeit und Karibik

Die Fischer wunderten sich: Warum nur verfingen sich ihre Netze immer an den Baumstümpfen im Ledrosee? Auch die Ingenieure wunderten sich: Als sie für das neue Wasserkraftwerk in Riva den Seespiegel senkten, trat ein ganzer Wald aus Stümpfen hervor. Das war im Jahr 1929. Und bald wusste man: Dieser Wald ist das Relikt eines Jungsteinzeitdorfs, das auf rund 15 000 Pfählen errichtet wurde. Der Ledrosee, nur knapp drei Kilometer lang und einen breit, ging auf diese Weise in die Wissenschaft ein. Urlauber schätzen ihn als Bergsee auf 638 Meter Höhe und als Ausgangspunkt für Wanderungen und Mountainbiketouren. Dort oben kann es auch mal Grau in Grau sein, während unten am Gardasee die Sonne scheint. Aber dafür hat man hier auch deutlich mehr Ruhe, Berggefühl sowie einige Kiesstrände und das Museum in Molina, das zeigt, wie die Menschen vor rund 4000 Jahren lebten. Ganz ohne Geschichte, dafür aber in karibischem Türkisblau trumpft der noch kleinere Tennosee auf 570 Metern auf. In einer Stunde ist der Badesee per pedes umrundet, und die Insel im Kreisrund kann man ebenfalls meist erwaten.

Erbe der Zeit: Molina am Lago di Ledro

Sein Gesicht sieht aus wie die Eiger-Nordwand: zerfurcht, vom Wetter gezeichnet. Sein Name: Maurizio Zanolla. Mattia Pedrani dagegen ähnelt einem Calvin-Klein-Model: jung, stattlich, cool, ein Zwei-Meter-Schönling. Und dann ist da noch Danilo Miori, ein geborener Rivaner, der sich erinnern kann, wie einst die Schiffe aus dem Süden in Riva festmachten und die Träger Baumwoll- und Leinenlappen in großen Mengen an Land schleppten, die für die Papierfabrikation benötigt wurden.

„HA! ARCO!"

Maurizio, der als 22-Jähriger vor rund 30 Jahren das moderne Sportklettern an den Gardasee brachte, leistete wesentliche Beiträge zur Erschließung der Klettergärten rund um Arco, heute eines der beliebtesten Klettergebiete in Europa.

„Ha! Arco!", wirft der Rivaner Danilo ein. „Die waren immer neidisch auf uns, weil sie ja keinen Seezugang hatten. Und dann bekamen sie endlich etwas, das wir nicht hatten: die Kletterer."

Einige Jahre vor Maurizios Pionierarbeit am Berg wurde zwischen Torbole und Riva ein Boom eingeleitet, der bis heute anhält. 1973, da ist sich Danilo fast sicher, wurde der erste Windsurfer auf dem Lago gesichtet. „Da haben wir schon gestaunt: ein Mann, ein Brett, ein Segel – und der fuhr auch noch schnell ..." Arco,

Aus der Vogelschau: Riva del Garda mit der schön am Hafen gelegenen Piazza III Novembre, an deren Ostseite der im 13. Jahrhundert errichtete Torre Aponale aufragt – ein Wachturm, der in Nietzsche den Wunsch aufkommen ließ, sein Leben darin als Eremit zu beschließen.

Stadtbummel im Zentrum von Riva del Garda: „Ripa" (Ufer) nannten die Römer den Ort, in dem sie zu ihrer Zeit bereits eine Nautikerschule, ein „collegium" für Segler, unterhielten. An die alte Tradition erinnert auch das Stadtwappen, das ein Schiff mit geblähten Segeln zeigt.

das Kleinstädtchen im Hinterland, hatte wieder das Nachsehen.

SCHNELLER, LAUTER, HEKTISCHER
Wenn drei Generationen erzählen – Danilo ist 83, Maurizio 55, Mattia 28 Jahre alt –, dann verschieben sich schnell mal die Sichtweisen. Mattia war noch nicht einmal geboren, als Danilo das erste Brett auf dem See sah. Heute ist der 28-Jährige Windsurf-Profi – „zumindest zu drei Viertel, denn ich studiere ja noch". Für seinen Sport zog der gebürtige Mailänder im Jahr 2005 nach Torbole, um den See immer vor der Türe zu haben und die Universität von Trient in der Nähe. Der italienische Meister im Freestyle belegt Platz elf in der Weltrangliste. Für Danilo hingegen „haben die vielen jungen Leute natürlich das Leben in Riva verändert. Es ist alles viel schneller, lauter und hektischer geworden".

VIVA RIVA LA DIVA
Wegen der vielen Surfer dürfen auch keine privaten Motorboote mehr in dem trentinischen Teil des Sees fahren. Nicht einmal eine Mahagoni-Riva darf mehr in Riva einlaufen: Viva Riva la Diva, das war einmal – wer in den 1960er-Jahren zum Jetset gehören wollte, der musste das italienische Sportboot mit dem charakteristischen schlanken Mahagonirumpf einfach haben. Was geblieben ist, scheint der im Spiel von Wind und Wellen vorgegebene Tagesrhythmus zu sein. Früher kamen die Lastschiffe mit dem Südwind, der Ora, um anderntags am Morgen mit dem Nordwind, dem Pelér, zurück in den Süden zu segeln. Heute nimmt jeder Surfer – Kiten ist wegen der Dichte von Surfern zwischen Torbole und Riva verboten – sofort sein aufgebautes Rigg in die Hand, wenn der Wind mit soliden vier bis fünf Windstärken einsetzt. Dann kann das scheinbar endlose Kilometerfressen auf dem Lago-Highway zwischen Torbole und Riva wieder von Neuem beginnen. Bläst der Pelér mal stärker und länger, bringt er starke Wellen mit sich. Die wühlen

Eine Stadt in Ketten? Die Vermutung liegt nahe, und sie passt zu unserer Vorstellung vom Mittelalter, in dem die Skaliger auf einer kleinen, von Wassergräben umgebenen Insel in Riva die Rocca bauten.

Ein Schiff wird kommen: Allerdings nicht um diese Zeit, denn nachts wird auf dem Gardasee der Schiffsbetrieb eingestellt, und dann heißt es „still ruht der See".

Trentino/Lago di Garda Nord
36–37

Die im lombardisch-venezianischen Stil errichteten Palazzi und Arkaden in Riva lassen den Einfluss Veronas wie der Serenissima auf die Stadt erkennen. Rechts im Bild: der Palazzo Municipale

An der Hafenpromenade: Die Schönheit der Stadt liegt ganz im Auge des Betrachters.

das Wasser auf, das sich dann deutlich abkühlt. Die Folge: Der See wird trotz Sonneneinstrahlung nicht mehr ausreichend aufgewärmt, was bedeutet, dass die Ora nicht mehr einsetzen kann. Das mögen die Badegäste weniger, die in Riva übrigens am längsten zusammenhängenden Gardaseestrand baden. Für Mattia hingegen sind Windabweichungen eine geliebte Alternative: „Mit 70 Kilometern pro Stunde über den See zu düsen, das hat schon was!"

JUBEL, TRUBEL, HEITERKEIT

Riva gibt sich gerne mondän. Das sieht man an manchen Hotels, Parks und Geschäften, auch am Spiaggia degli Olivi, einem wie ein Amphitheater am See liegenden Strandbad aus den 1930er-Jahren. Mit gut 15 000 Einwohnern ist der Ort nach Desenzano der zweitgrößte am See, aber Limone, Malcesine oder Sirmione stehen in der Gunst der Reisenden viel höher. Auch das kleine Torbole mit seinen gerade mal 2200 Einwohnern ist, zumindest in Surferkreisen, deutlich bekannter. Denn der Ort hat sich im Lauf der Zeit zum besten Süßwasser-Spot für Surfer entwickelt. Von Ostern bis September herrschen Jubel, Trubel, Heiterkeit. Und der ehemalige ISAF-World-Champion Andrea Cucchi – aus Malcesine am Gardasee! – präsentierte dort die ersten Prototypen der Segelmarke Point-7. Das sind die mit den stylischen schwarzen Segeln.

RIVA, TORBOLE, MADAGASKAR?

Nirgends sind die Berge, mächtig und dominant, näher an einem Ort als hier. Rivas Lage ist eine schattige. Schließlich sorgt das Rocchetta-Massiv mit seinen gut 1500 Metern Höhe tagtäglich dafür, dass der Ortskern etwa ab 16 Uhr keine Sonne mehr abbekommt. Im Winter geht sogar noch früher das Sonnenlicht aus. Trotzdem gibt es keine Rivalitäten zum sonnigeren Süden. Riva war bis 1918 ja noch österreichisch. Bis zum Oktober 1931 gab es keine Uferstraße und kaum Kontakt, da der Seeweg die

Die um die Kurve(n) fetzen: Unweit von Riva del Garda lässt die alte Militärstraße Pregasina die Herzen der Radler höher schlagen.

So in etwa sieht er aus, der Traum vom sonnigen Süden – auch hier, ganz im Norden des Sees: Zypressen wiegen sich leise im Wind, der doch stark genug ist, um Surfern den Rücken zu stärken. Sanft schiebt sich eine grüne Landzunge in den See, den krause Wellen kräuseln. Was will man mehr?

Wer könnte bei diesen Farben noch widerstehen? Vielleicht diese …

Trentino/Lago di Garda Nord
38–39

… Radler, die den motorgetriebenen Vespas körpereigene Pedalkraft entgegensetzen.

Special TOP-TEN-ZIEL FÜR MOUNTAINBIKER

Der Serpentinen-Star

Radlereldorado über dem Gardasee: die alte Militärstraße Pregasina

An manchen Kurven ging einfach nichts mehr. Dann wurde auf den Zentimeter genau hin und her rangiert, bis der Käfer aus Deutschland am Cinquecento aus Riva vorbei kam. Schließlich ging es landeinwärts senkrecht nach oben, und zur Seeseite fiel die Steilküste jäh ab ins dunkelblaue Seewasser.
1990 wurde die gute alte Pregasinastraße, auch Ponale genannt und 1865 von den Österreichern als Militärstraße in die Felswände geschlagen, geschlossen. Zu gefährlich, hieß es, auch wegen Steinschlaggefahr. Doch die Rivaner kämpften um die schönste Straße über dem Gardasee, die bis zur Schließung die einzige Verbindung zum Ledrosee war. Zehn Jahre später gaben die Behörden nach: Die Pregasina, benannt nach dem gleichnamigen Dorf 400 Meter über dem See, wurde wieder für Radfahrer und Fußgänger geöffnet und ist nun ein Eldorado für Mountainbiker – eine der Top-Ten Strecken in Europa.

einzige Verbindung in den Süden war: „Im Altertum waren wir eine römische Siedlung, im Mittelalter ein wichtiger Handelsplatz", erzählt Danilo, während er zwischen See und der Viale Dante Alighieri auf die Laubengänge an der Piazza III Novembre weist, die aus dem 13. Jahrhundert stammen. Dahinter wirft der leicht schiefe Torre Apponale, ebenfalls aus dem 13. Jahrhundert, seinen Schatten. Knapp hundert Jahre früher wurde die Wasserburg Rocca di Riva errichtet. Torbole hat zwar keine große Geschichte, aber den Endlosblick gen Süden. Vom Circolo Surf Torbole, Mattias' zweitem Wohnzimmer und *dem* Treffpunkt der Könner schlechthin, sieht man das Ende des Sees nicht mehr, der eingeklemmt zwischen zwei Bergketten ganz brav daliegt. Doch er kann auch anders, gerade im Norden. „Bei einem Unwetter in den 1950er-Jahren", erinnert sich Danilo, „ging eine Welle sogar mal über das Zollhäuschen am Hafen von Torbole. Es muss eine Drei-Meter-Welle gewesen sein". Damals war Torbole noch ein armes Fischerdorf, scheinbar ohne Zukunft. Ob die beiden sich eine andere Heimat als Riva und Torbole vorstellen könnten? „Nein", sagt der 83-Jährige. „Nein", antwortet auch der 28-Jährige. Mit einer Einschränkung: „Madagaskar vielleicht, wegen der Wellen – aber dort gibt's halt keine gute Pasta …"

GARDASEETOURISMUS

Das Feeling macht's

Schon die Römer liebten ihren „Benacus", wie der See in der Antike hieß. Ihnen folgten prominente Touristen wie Goethe, Nietzsche und Prinz Charles. Und der Reiz des Gardasees ist erkennbar von Dauer: Denn die meisten Besucher kehren immer wieder zum See zurück.

Oben und rechte Seite: Alte Poster künden von vergangenen Urlaubstagen, als kesse Damen kesse Badeanzüge spazieren fuhren, während sich die Herren lieber etwas bedeckt hielten.

Manchmal könnte man meinen, die Hälfte aller Gardaseeurlauber von heute kannte die römischen Dichter Catull und Vergil, die einst den Lacus Benacus besangen, persönlich. Sicher ist nur: Der Gardasee ist ein Urlaubsziel für alle Generationen. Die Papas und Mamas aus den 1960er-Jahren sind inzwischen Opas und Omas. Aus der „Casa Bottura", nicht klassifiziert, für 20 Mark die Nacht, ist mittlerweile ein hübsches Vier-Sterne-Hotel mit Pool geworden. Und die Vermieter von damals, die armen Botturas, sind inzwischen nicht nur selbst alt, sondern – wie so viele am See durch den Tourismus – auch reich geworden. Grund dafür ist das unnachahmliche (und wohl von jedem anders empfundene) Gardaseefeeling: Schöne Kindheitserinnerungen sind das eine, tolle Burgen und hübsche Häfen das andere. Hinzu kommen Olivenhaine und Zypressen, die Pizza aus dem Holzofen und die lauen Abende bis Mitternacht: Die Mischung macht's.

EIN ORT ZUM WIEDERKOMMEN

Seine mondänste Zeit erlebte der Gardasee während der Donaumonarchie des Habsburgerreiches, als die High Society der Literatur – Ibsen, Kafka, Rilke, Nietzsche, D. H. Lawrence und Thomas Mann – den damals deutschsprachigen Norden zwischen Riva und Torbole bevölkerte und sich hier inspirieren ließ. Heinrich Mann kam sogar zwanzigmal zu Besuch und war schon damals das, was man heute neudeutsch einen „Repeater"

DuMont Thema

Deutsche Urlauberinnen im Paradies – im Strandbad Bagno Paradiso von Torbole, um 1930

"... es lag mir noch eine herrliche Naturwirkung an der Seite, ein köstliches Schauspiel, der Gardasee." Johann Wolfgang von Goethe, 1786

nennt, ein Wiederholungstäter also. Den Süden des Sees, allen voran Gardone und Sirmione, eroberten derweil Mailands vornehme Familien, wo sie die Heilquellen der Grotten des Catull wieder entdeckten, die schon die Römer so geliebt hatten.

Zur Habsburgerzeit war der See noch ein armes Gebiet, bewohnt von Fischern, Oliven- und Bergbauern. Die damals neuen Hotels waren alle in österreichischer Hand. Es gab eine Zwei-Klassen-Gesellschaft, bestehend aus armen Anwohnern und reichen Besuchern. In den 1950er-Jahren hielt dann der Camping- und in den 1960er-Jahren der Albergo-Tourismus Einzug in die Region. Mit der Mistgabel verscheuchte man zunächst die Kühe, um Platz für Zelte zu machen. Etwas später wurde dann im Sommer das Kinderzimmer vermietet, um den Besuchern, die schon damals gerne wiederkamen, ein Bett anbieten zu können. Erst nach und nach hob man das Niveau an, entstanden die ersten kleineren privaten Hotels mit ein paar Zimmern. Der Autor dieser Zeilen erinnert sich noch gut an das Jahr 1966, als sich fast alle Gäste der Umgebung vor einem kleinen Schwarz-Weiß-Fernseher in der „Casa Bottura" versammelten, um das Finale der Fußball-WM in Wembley zu verfolgen. Seitdem hat sich hier vieles verändert, wie andernorts auch, aber hier wie dort bekommt man den Eindruck, die damaligen Verhältnisse hätten sich in ihr Gegenteil verkehrt: Heute sind die Einwohner wohlhabend, und die Touristen müssen ihr Geld zusammenhalten.

Politisch ist der Gardasee in drei Provinzen, Trentino, Verona und Brescia, aufgeteilt. Die Fertigstellung der 120 Kilometer langen Ringanlage 1993 für die Abwasserentsorgung, über alle Rathaus- und persönlichen Animositäten hinweg, war die bemerkenswerteste organisatorische und umweltpolitische Leistung – eine Investition in die Zukunft des Tourismus. Obgleich alle drei Provinzen in Sachen Marketing ihr eigenes Süppchen kochen, hat man sich in den letzten Jahren sehr breit aufgestellt: Neben den Wochenendbesuchern (vornehmlich aus München und Oberbayern, Verona und dem Trentino) kommen auch viele Urlauber für eine Woche oder gar 14 Tage in den Sommerferien hierher. Und während des traditionellen Ferragosto gesellen sich im August viele Italiener dazu. Ein weiterer Trumpf aus Tourismusmarketing-Sicht sind die Freizeitparks um den Pionier Gardaland bei Peschiera. Hinzu kommt der Sporttourismus zu Wasser und zu Berge, auch Camper fahren immer noch gern hierher, und in der Nebensaison kommen die Senioren in ihren Bussen.

EINE SEHNSUCHT IN ZAHLEN

In Zahlen ausgedrückt, liest sich die Gardaseesehnsucht im 21. Jahrhundert wie folgt: Geschätzte sechs Millionen Gäste, davon knapp zwei Drittel aus Deutschland, lassen pro Jahr rund drei Milliarden Euro am See. Einige davon sicher deutlich mehr als der Durchschnittsbürger: König Juan Carlos etwa, Prinz Charles oder die ehemaligen Bundespräsidenten Richard von Weizsäcker und Horst Köhler.

BUCHTIPP

Eine geeignete literarische Lektüre, dem Gardaseefeeling auf die Spur zu kommen: Franziska Wolffheim, **Gardasee. Wo der Süden beginnt***, Frankfurt am Main 2000.*

Goethe war hier: Daran erinnert seine Büste bei der Skaligerburg von Malcesine.

Infos

Und auf einmal tut sich der Süden auf

Labsal für die Augen: die Strandpromenade von Riva mit dem Hotel Sole

Am Südrand der Alpen, wo der von den Endmoränen eines eiszeitlichen Gletschers umgebene Gardasee seine Heimat hat, treffen alpine und mediterrane Landschaften aufeinander. Entlang der Serpentinenstraße von Nago runter nach Torbole begrüßen Zypressen und Oleander den Gast sowie unten, am Wasser, auch Palmen und Agaven. Endlich angekommen! Und jetzt nur noch genießen ...

01 ARCO

Schon um das Jahr 1000 war der Burgberg von Arco besiedelt. In den letzten Jahren hat sich das Städtchen zu einem wichtigen Treffpunkt für Kletterer und Mountainbiker entwickelt. Die Sarca – der Zufluss des Gardasees – bietet Anglern beste Möglichkeiten.

Sehenswert
Im Zentrum erhebt sich mit der **Pfarrkirche Collegiata** (17. Jh.) einer der bedeutendsten Sakralbauten der späten Trentiner Renaissance. Östlich davon dehnt sich die Piazza III Novembre mit dem Palazzo Marchetti (1550) aus. Nördlich der Piazza beginnen Pfade durch Olivenhaine, auf denen man das unübersehbar den Ort überragende **Castello di Arco** in etwa 20 Minuten errreicht. Sehr schön ist von dort der Blick ins senkrecht abfallende, gut hundert Meter tiefe Sarca-Tal.

Veranstaltungen
Jeden August/September wird hier der **Rock-Master-Kletterwettkampf** in verschiedenen Disziplinen ausgetragen.

Information
Tourismusverband, Largo Medaglie d'Oro al Valor Militare 5, 38066 Riva, Tel. 0464/55 44 44, www.gardatrentino.it

02 – 04 RIVA DEL GARDA UND UMGEBUNG

Der einzige größere Ort an der nördlichen Spitze des Gardasees ist ein charmant mondän anmutendes Städtchen mit rund 15 000 Einwohnern. Ab dem 19. Jh. entwickelte sich Riva zu einem gefragten Kurort, 1815 bis 1918 regierten die Habsburger den Ort. Das milde Klima, die Lage am See, das Stadtbild und einige Ausflugsziele sorgen auch heute noch für große Attraktivität bei den Urlaubern.

Sehenswert
Die **Piazza III Novembre**, direkt am Hafen, ist von venezianisch-lombardischen Gebäuden und Laubengängen aus dem 13. Jh. gesäumt. Der für Gardaseeverhältnisse sehr große Platz ist das Zentrum von Riva und Standort für den **Palazzo Municipale**, das Rathaus, sowie den leicht schiefen **Torre Apponale**, der 1220 gebaut und im Lauf der Jahrhunderte als Vorratsspeicher für Weizen und Salz, als Kerker und natürlich als Beobachtungsplattform genutzt wurde. Seine heutige Höhe von 34 m erfolgte durch eine Aufstockung im Jahr 1555. Nach rund 160 Stufen erreicht man die Aussichtsplattform (Di.–So. 10.00–18.00 Uhr). Vis-à-vis liegt die **Piazza San Rocco**, von wo man in ein paar Schritten am Ufer entlang auf das mit Figuren geschmückte und gelb leuchtende **Wasserkraftwerk Ponale** trifft. Die 500 Meter Höhenunterschied zum Ledrosee werden in Form von Wasserkraft in jährlich 80 Millionen Kilowattstunden Elektrizität umgewandelt. 1935 wurde die **Chiesetta Santa Barbara** auf 610 m Höhe in das Rocchetta-Massiv gebaut – von den Bergleuten, die sich nach Vollendung des Wasserkraftwerks Ponale dafür bedankten, dass beim schwierigen Bau so wenig passierte. Santa Barbara wird immer noch mindestens einmal pro Jahr von jedem Rivaner besucht. Zwei bis drei Stunden dauert der Fußmarsch. Und immer sonntags gibt's gegen eine kleine Spende Polenta in der nahen **Capanna Sociale Santa Barbara**. Ebenfalls am Hang des Rocchetta-Massivs, gut 100 m über dem See, befindet sich die **Bastion**, die 1508 im Auftrag der Venezianer errichtet wurde. Kurze Zeit später verloren sie die Herrschaft über Riva. Zu Fuß in 30 Min. zu erreichen; der beste Blick auf Riva: Von dort sieht man, dass **La Rocca** eine echte Wasserburg ist, da komplett vom Gardasee umschlossen. Sie wurde 1124 als Verteidigungswerk errichtet. Heute beherbergt sie das bedeutendste Museum des Orts, das **Museo Alto Garda**. Neben der Burg liegt die **Spiaggia degli Olivi**, ein Strandbad aus den 1930er-Jahren, das sich wie ein Amphitheater an den See schmiegt. Der Sprungturm wird nicht mehr benutzt. Zwischen der Landzunge Punta Lido und dem kleinen Porto San Nicolò erstreckt sich der längste zusammenhängende Strand am Gardasee. Dahinter verläuft der **Lungolago**, die Seepromenade. Erst vor wenigen Jahren wurden etwas außerhalb des Zentrums die **Terme Romane** aus dem 1. Jh. entdeckt.
Was das Rocchetta-Massiv im Westen ist, stellt der nur 376 m hohe, aber markante Berg **Brione** im Osten dar: die Ortsgrenze. In knapp 2 Std. kann der Brione gemütlich bestiegen

> **Tipp**
>
> ### Auf zu neuen Höhen
>
> Rund 80 **Klettergebiete** in allen Schwierigkeitsgraden stehen den Kletterern rund um 01 **Arco** zur Verfügung. Manche Wände erreichen Schwierigkeitsgrade, die durchaus mit Dolomitenwänden zu vergleichen sind, etwa am Massone, wo die Extrem-Climber zu Hause sind. Es gibt aber auch genügend Felsen, an denen Anfänger üben können. Einwöchige Kletterkurse kosten um die 250 Euro; die Ausrüstung wird gestellt. Geführte Klettertouren werden ab 140 Euro angeboten.
>
> *www.klettern-arco.com*

Infos

Tipp

Immer der Sonne nach

Eine **Rundfahrt um den Gardasee** ist mit dem Auto in einem Tag machbar. Aber man muss sich sputen, zum Fotografieren und für ein ausgiebiges Mittagessen bleibt kaum Zeit. Besser ist es, für die insgesamt rund 160 Kilometer zwei Tage einzukalkulieren und für den Nord- sowie den Südteil jeweils die Autofähre Torri-Maderno zu nutzen. Die Westküste sollte man dabei stets morgens und die Ostküste für den Nachmittag einplanen. So hat man immer die Sonne bei sich.

Fähr-Info: www.navigazionelaghi.it

werden. Man marschiert durch ein Biotop und hat eine sehr schöne Aussicht auf den Südteil des Sees. Von dort sieht der Brione aus wie eine riesige Schräge.

Museum
In der Wasserburg befinden sich im **Museo Alto Garda** eine wertvolle Gemäldesammlung und bedeutende archäologische Funde. Es gibt Wechselausstellungen, Kunst-Workshops und die Museumsnächte bis 23.00 Uhr (www.museo altogarda.it, Juli–Sept. tgl. 10.00–12.30 und 13.30 bis 18.30 Uhr, März bis Mai und Okt.–Nov. Mo. geschlossen).

Erleben
La Notte di Fiaba, die Märchennacht mit dem größten Feuerwerk am See, findet alljährlich gegen Ende der Hochsaison statt (den genauen Termin erfährt man unter www.gardatrentino. it/de/Märchennacht-Gardasee).

Veranstaltungen
Aktuelle Termine auf www. gardatrentino.it unter Events.

Aktivitäten
Surfen und **Segeln** (z.B. Sailing du Lac, ein Multisportcenter mit Kursen, Brett-, Boot-, Kajak- und Bikeverleih sowie tollem Strandabschnitt, Viale Rovereto 44, Tel. 0464/ 552453, www.sailingdulac.com). **Mountainbiken** und **Trekking**, **Klettern** und **Canyoning** kann man bei den alljährlichen Outdoordays ausprobieren (Termin unter www.outdoordays. it). Beim **Tauchen** kann man die Statue des Cristo Silente im Porto San Nicolò bestaunen, ein Werk des Künstlers Gernamo Alberti aus Riva, das in 15 m Tiefe steht (Kurse und Ausrüstungsverleih bei Club Gruppo Sommozzatori Fipsas, Viale Rovereto 140, Tel. 0464/ 555120, www.gruppo-sommozzatoririva.it). **Scooter**- oder **Cabrio**miete für rund 60 bzw. 90 Euro pro Tag zahlt man bei Autostima (Viale Rovereto 13, Tel. 0464/173010, www.autostimainside.it).

Einkaufen
Markttag in Riva ist der Mittwoch, immer am 2. des Monats, von Juni–Sept. zusätzlich am 4. Mittwoch des Monats.

Restaurants
Das €€ **Ristorante Benacense** ist ein Traditionshaus an der Piazza III Novembre (Tel. 0464/552249). Die €€€ **Locanda Restel de Fer** liegt versteckt und wirkt unscheinbar, aber es kommen typische trentinische Gerichte auf die Teller (Restel de Fer 10, Tel. 0464/553481).

Hotels
Die jüngste Neu- bzw. Wiedereröffnung am See ist spektakulär, wenngleich sich in Fragen des Designs (außen: Belle Epoche, innen: modern bis zuweilen schrill) die Geister durchaus scheiden können. Der €€€€ **Lido Palace** wurde das erste Mal 1899 und dann wieder 2011 mit nur noch 42 Zimmern und Suiten eröffnet, nicht fürs Massenpublikum, sondern eher für die Marke open minded, jung und gut betucht. Mitglied bei den Leading Hotels of the World (Viale Carducci 10, Tel. 0464/021899, www.lido-palace.it).

Umgebung
Gut 15 km südwestl. von Riva, über eine lange Tunnelstraße erreichbar, liegt der **03 Lago di Ledro**, ein ruhiger Bergsee mit einigen schönen Badeplätzen, Bootsverleih und einfachen Alberghi. Kurz vor Molina di Ledro – mit einer prähistorischen Pfahlbautensiedlung – findet man etwas abseits der Hauptstraße das Dorf Prè, wo jedes Jahr, an den ersten Tagen im Februar, La Festa del Sole, das Sonnenfest, gefeiert wird. Der **04 Lago di Tenno**, in den nördlichen Bergen des Gardasees gelegen, mutet von der Wasserfarbe her fast schon karibisch an: Das klare türkisblaue Wasser und das Inselchen in der Mitte lassen einen die Berge ringsherum vergessen. Zwei Kiesstrände laden auf 570 m Höhe zum Baden ein. Bei Niedrigwasser kann man sogar zur Insel waten. Auf dem Weg, von Riva kommend, passiert man auch den Wasserfall Varone mit 100 m Fallhöhe.

Information
Tourismusverband, Largo Medaglie D'Oro al Valor Militare 5, 38066 Riva, Tel. 0464/544444, www.gardatrentino.it

05 – 06 NAGO-TORBOLE UND UMGEBUNG

Während der 2400-Einwohner-Ort Torbole, an der Mündung der Sarca in den Gardasee gelegen, vorwiegend Surfern alle nur denkbare Infrastruktur bietet, blickt man vom beschaulich auf einem Felsplateau darüber gelegenen Dorf Nago ganz gelassen auf das Treiben herab. Zusammen mit dem nur aus wenigen Anwesen südlich von Torbole bestehenden Tempesta bilden diese drei Orte die Gemeinde Nago-Torbole.

Sehenswert
Die **Casa del Dazio** in **05** Torbole ▶ TOPZIEL, das von der Österreichern im 18. Jh. errichtete Zollhäuschen am Hafen, in dem heutzutage das Informationsbüro des Tourismusverbands untergebracht ist, fällt niedlich und blumengeschmückt jedem ins Auge, der den Ort Richtung Malcesine verlässt. Etwas versteckt im Ortskern liegt die **Casa Alberti**, wo neben dem kleinen Zierbrunnen ein Bronzemedaillon und eine Inschrift an den kurzen Aufenthalt von Johann Wolfgang von Goethe 1786 erinnern. Die Dorfkirche **Chiesa parrocchiale di Sant'Andrea** wurde 1175 erstmals erwähnt. Vom Kirchplatz mit Zypressen- und Olivenbaumreihen hat man eine sehr schöne Aussicht.

Erleben
Das erste Gelato nach der Autobahn ... Von Nago kommend, gleich nach der Serpentine am Parkplatz rechter Hand das Auto abstellen, von der kleinen Bar ein Eis holen, dann auf den Lago schauen, Panorama und Eis genießen. Jetzt beginnt der Urlaub! Auch die Aussichtsterrasse auf einem kleinen Felsplateau oberhalb von Torbole bietet einen Traumblick auf die unterhalb liegenden Häuser und den scheinbar endlos langen See. Gut für einen Snack, Aperol oder Eisbecher und viel Surf-Tratsch: **Wind's Bar** (Via Matteotti 11, Tel. 0464/506349).

Veranstaltungen
Wie in Riva, so finden auch in Torbole jedes Jahr hochkarätige **Sport-Events** statt (Termine unter Events auf www.gardatrentino.it; unter www.circolosurftorbole.com findet man auch die wichtigsten Termine zu **Surfwettkämpfen** und Meisterschaften).

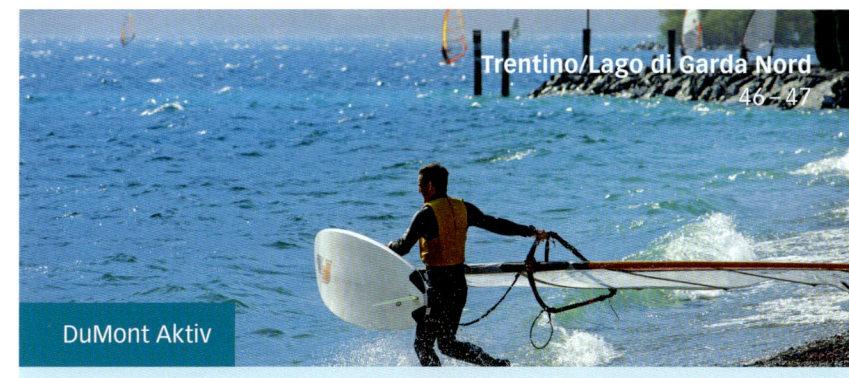

Trentino/Lago di Garda Nord

DuMont Aktiv

Heißer Ritt über die Wellen

Das Windsurfen hat den Gardasee weltweit bekannt gemacht. Zwischen Torbole und Riva sind meist die Könner unterwegs. Am liebsten gehen die Cracks frühmorgens bei starkem Pelér aufs Brett. Für Anfänger sind Wind und Wellen dann meist zu stark.

Es ist gerade mal halb sieben. Die ersten Sonnenstrahlen blinzeln über den Monte Baldo und siehe da: Der See ist schon voller bunter Segel. Das Zeitfenster ist einfach. „Von sechs bis zehn bläst der Pelér vom Norden, zwischen 13.00 und 19.00 Uhr die Ora vom Süden. Die Plätze mit den besten Windstärken sind bei Nordwind am Hotel Pier, auf halber Höhe zwischen Riva und Limone, sowie bei Südwind direkt vor Torbole, wenn die Ora warm und schnurstracks auf den Ort bläst": Verena Fauster weiß, wovon sie spricht. Der Gardasee ist ihr Revier. Die 36-Jährige ist nicht nur Biologielehrerin, sondern sie war auch vor wenigen Jahren Welt- und Europameisterin im Slalom-Windsurfen. Während der italienischen Sommerschulferien kann man sie beinahe täglich im Circolo Surf in Torbolo treffen. Viele kennen sie, fragen nach Tipps – und die Südtirolerin gibt in der Regel gern Antwort. „Der Mix zwischen Nord- und Südwind ist einzigartig", sagt sie. „Und dass sich in Torbole wirklich alles ums Surfen dreht – von früh bis nachts – das liebe ich! Für mich gibt's einfach kein besseres Surfrevier." Das gilt übrigens auch für Zuschauer: Die Moves der weltbesten Freestyler anzuschauen, ist selbst dann eine wahre Augenweide, wenn man nicht vom Fach ist.

Und los geht's!

WEITERE INFORMATIONEN

Es gibt zahllose Anbieter von Surfkursen (pro Gruppenstunde ca. 20 Euro) und Brettverleih (Tagesmiete komplett ca. 35 Euro) in Torbole und Riva sowie auch am „Hotel Pier" (Tel. 0464/55 09 28, *www.pierwindsurf.it*).

Informationen zu Wettkämpfen und Meisterschaften im Surfen am Gardasee findet man unter *www.circolosurftorbole.com*.

Aktivitäten

Surfen, surfen und nochmals surfen: Dazu finden sich zahllose Anbieter und Geschäfte auf engstem Raum. Ein guter Treffpunkt ist der Circolo Surf in der Via della Lova 1 mit eigenem Strandabschnitt (siehe Aktiv). Für **Mountainbiker** gibt es fast genauso viele Strecken wie Anbieter für Touren und Material. **Scooter** kann man in der Via Matteotti bei Torbole Rent mieten (Tel. 0464/50 54 47). Der Ort ist aber auch Ausgangspunkt für **Autotouren** über den Monte Baldo, via Nago, Mori, Brentonico.

Einkaufen

Auch in diesem Punkt stehen das Surfen und die entsprechenden Accessoires im Blickfeld. Der legendäre **Point-7-Store-Torbole** liegt etwas außerhalb in der Via Sabbioni 15i, Tel. 0464/52 08 87, E-Shop unter http://torbole.p7store.com.

Restaurants

Die Restaurants in Torbole sind alle sehr mäßig – es lohnt die Auffahrt nach Nago in die alte Burgruine, wo im €€€ **Al Forte alto** Chef Marcello Franceschi seit 2006 sehr gepflegte trentinische Küche auftischt. Die Ravioli werden mit Speck aus dem Val di Non gemacht und Carne salada gibt's als Carpaccio vorneweg (Via Castel Penede 16, 0464/50 55 66).

Unterkunft

Etwas abseits vom Trubel und ideal für Biker, mit Wasch- und Werkstattplatz sowie Übernacht-Wäscheservice für MB-Sportkleidung, ist das €€ **Aktivhotel Santalucia** (Via Santa Lucia 6, Tel. 0464/505140, www.aktivhotel.it). Eine Alternative in Tempesta, 3 km südlich von Torbole, ist das in toller Lage ruhig und spektakulär auf einem Felsen direkt über dem See gelegene Hotel €€€ **Villabella** mit Pool und moderner Ausstattung (Tel./Fax 0464/ 50 51 00, www.hotelvillabella.it).

Umgebung

Ein gut einstündiger Fußmarsch führt zu den **06 Marmitte dei Giganti**, auch Gletschertöpfe oder -mühlen genannt. Sie entstanden während der Gletscherschmelze vor etwa 50 000 Jahren. In **Nago** lohnt das Castel Penede, Schauplatz vieler kriegerischer Auseinandersetzungen und heute eine restaurierte Ruine mit Restaurant, kleiner Galerie und tollem Blick auf den Lago.

Information

*Tourismusverband,
Lungolago Conca d'Oro 25,
38069 Torbole,
Tel. 0464/50 51 77,
www.gardatrentino.it*

Im richtigen Licht

Die viel gerühmte Gardesana occidentale, die Staatsstraße SS 45, für die 74 Tunnels in die Steilhänge gesprengt werden mussten, führt am Westufer des Sees entlang von Riva del Garda im Norden über Limone, Gargnano, Maderno und Gardone bis ins südliche Salò. Die Westküste wird häufig als die schönere und vor allem als „die italienische Seite" des Gardasees bezeichnet, ist aber längst genauso „in deutscher Hand" wie die Ostküste. Einen der herrlichsten Blicke auf den See aber hat man immer noch hier an der Westküste, von der Wallfahrtskirche Madonna di Monte Castello auf der Hochebene von Tignale aus.

Limone liegt dort, wo sich der Gardasee fjordartig verengt, an der Grenze zwischen den Provinzen Trentino und Brescia.

Erst mit dem Bau der – spektakuläre Ausblicke ermöglichenden – *Gardesana occidentale*, der Westuferstraße, entwickelte sich das ehemalige Fischerdorf Limone zu einem Touristenmagneten.

Der Ortsname von Limone bezieht sich nicht auf die jahrhundertelang hier angebauten Zitrusfrüchte (oben eine der im Italienischen „Limonaia" genannten Orangerien), sondern leitet sich vom lateinischen Wort „Limes" für Grenze ab. Rechts: Man sagt, Limone habe ein sehr kontrastreiches Licht, besonders am Vormittag, wenn die Sonne auf den knapp 1200 Meter hohen Monte Mughera fällt und die Strahlen von den weißen Kalkwänden reflektiert werden. Doch in den engen Gassen findet man immer auch ein schattiges Plätzchen.

Das winzige Becken des von mittelalterlichen, blumenüberrankten Häusern umgebenen Alten Hafens von Limone gibt den Blick frei auf den See und das gegenüberliegende Ufer.

„Manche Leute bezeichnen den Gardasee als Deutschlands achtzehntes Bundesland – nach Mallorca."

Franziska Wolffheim

Sind es die Zitronen? Ist es das Olivenöl oder vielleicht der Fisch vom See? Oder gar das Licht? „Ich weiß es nicht. Und wir können auch nichts belegen", meint Professor Cesare Sirtori. Dem Vorsitzenden der Forschungsgruppe Essgewohnheiten an der Universität Mailand fiel im Jahr 1979 durch Zufall eine Mutation auf. Der aus Limone stammende Valerio Dagnoli hatte viel zu hohe Cholesterinwerte, aber gleichzeitig säuberte ein Protein seine Adern wie Domestos die Küchenrohre. Der Professore ging der Sache nach, zapfte jedem in Limone lebenden Einwohner Blut ab. Und so fand der „Vampir", wie er seitdem im Ort genannt wird, bei weiteren 45 Menschen jenes durch Mutation entstandene Protein, das „Apolipoprotein" – kurz „A-1 Milano" – genannt wurde, weil man es in Mailand entdeckte. Das hat ganz Limone erzürnt: „A-1 Limone müsste das Protein doch heißen!", meint nicht nur Antonio Girardi, 73 Jahre alt. Früher war er der Präsident des Fremdenverkehrsamts von Limone. Heute gibt er recht rüstig den Chef des Hotelierverbands.

IM DORF DER METHUSALEMS: HUNDERT JAHRE EINSAMKEIT?

Bis zum Jahr 1918 glich das Fischernest – heute übrigens eine der reichsten Gemeinden Italiens – noch einer Insel. Der weiß-rot-weiße Grenzpfosten nördlich von Limone steht noch bis heute. Von ihm leitet sich auch der Ortsname ab: von „Limes", lateinisch für Grenze. Damals war dies Italiens nördlichster Grenzposten zu Österreich, nun markiert er den Übergang vom Trentino in die Lombardei. Nur per Schiff oder nach einem beschwerlichen Fußmarsch konnte man einst Limone erreichen – bis im Jahr 1931 die Gardesana occidentale eingeweiht wurde. Diese Isolation förderte das Heiraten unter Verwandten. Und eine Laune der Natur bestrafte die Inzucht nicht mit genetischen Deformationen, sondern zauberte das „A-1 Milano" hervor. Die Folge: In Limone leben die meisten 80-Jährigen Italiens. Herzinfarkte sind deutlich seltener als im Landesdurchschnitt. Im Altersheim, ausgelegt für 30 Personen, leben gerade mal zwei nicht mehr ganz so fidele Bewohner. 2008 verstarb die ehemalige Dorflehrerin im biblischen Alter von 108 Jahren, und inzwischen gibt es erneut eine Hundertjährige, Teresina Girardi, obgleich sie – wieder eine Laune der Natur? – gar keine A-1-Trägerin ist. In ihrer Familie hat das Gen nur ein Vetter. Antonio Girardi machte sich die Mühe, einen bis ins 17. Jahrhundert zurückreichenden A-1-Stammbaum zu recherchieren. Jeder der 1147 Einwohner von Limone weiß also genau, wer von ihnen ein A-1-Träger

Dicht an die Kante eines steilen, üppig grün bewachsenen Felsens gebaut, thront die Wallfahrtskirche Madonna di Castello bei der Hochebene von Tignale rund 700 Meter über dem See.

Längst hat sich die Gardaseeregion zu einem riesigen Freizeitrevier entwickelt, in dem auch Trendsportarten wie hier Canyoning bei Tremosine begeisterte Anhänger finden.

Pieve ist der Hauptort der weit verzweigten, sich aus 18 verstreut liegenden Orten zusammensetzenden Gemeinde Tremosine.

Special — DIE LIMONAIA VON LIMONE

Wo die Zitronen blühen

Fava Ruggero aus Limone ist 88 Jahre alt und immer noch Limonenbauer. Seitdem er zehn Jahre alt ist, arbeitet er mit und für seine geliebten Zitronen: „Vier Ernten im Jahr!", sagt er stolz. Das funktioniert zwar selbst im vom Klima verwöhnten Limone nur in einem Gewächshaus, aber dabei handelt es sich auch um ein ganz besonderes Gewächshaus: die Limonaia. Charakteristisch dafür sind die eckigen Steinpfeiler auf langen Terrassen. Im Winter wurden die Limonaie durch große Glasfenster in Holzverstrebungen abgedeckt, um die Pflanzen vor Kälte, besonders vor Frost, zu schützen.

Limone war lange Zeit das nördlichste Anbaugebiet für Zitronen, die einen wichtigen Wirtschaftsfaktor am See darstellten, auch für den Limonenbauer Fava. „Aber heutzutage ist es nur noch ein Hobby. Alle Zitronen, die man heute in Limone kaufen kann, kommen doch aus Sizilien", erklärt der Limonenfreund etwas traurig. „Eine Zitrone vom Gardasee

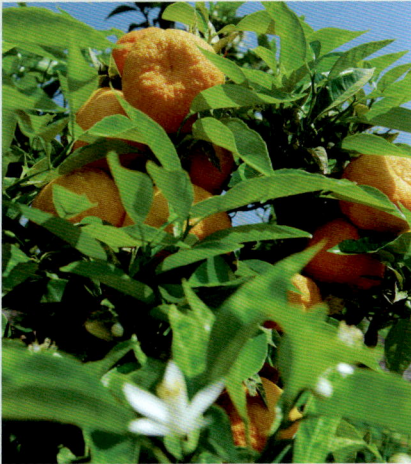

Im Garten des Rathauses von Limone

müsste nämlich heute rund zehn Euro kosten ..." Schöne Beispiele teils denkmalgeschützter Limonaie finden sich nicht nur in Limone, sondern auch in Gargnano, Toscolano und Torri del Benaco. Schön sind in der Hochsaison auch die *Limonaia sotto le Stelle* in Limone – Abende mit Musik und Limoncello (www.visitlimone sulgarda.com).

ist. Dieser Stammbaum wurde im Dokumentationszentrum in der Via Comboni ausgehängt.

WO BLEIBT DER REICHE AMI?

Guglielmo Pace etwa hat das Gen. Der 24-Jährige studiert Biotechnologie beim Vampir in Mailand und sagt: „Ich will hundert Jahre alt werden!" Bernardo Martinelli, der Fischer, hat das Gen nicht. Ist ihm auch egal. Denn er setzt auf die Renken, die er dreimal pro Woche im Gardasee fängt. Sein Vater Jacomo wurde, ebenfalls ohne Mutation, 90 Jahre alt und fischte bis zwei Monate vor seinem Tod. Elide Fava wiederum hat das A-1. „Leider ist nie ein reicher Ami gekommen und wollte für eine Blutspende von mir 10 000 Euro zahlen", sagt die 53-jährige Friseurin schmunzelnd. „Es würde ihm ja auch nichts nützen. Es ist ja eine reine Gen-Sache." Einmal kamen vier A-1-Träger gleichzeitig zum Haareschneiden. „Da war großes Hallo! Aber ansonsten: einen A-1-Club gibt es nicht. Nur der Herr Professor würde gerne zwei Träger miteinander verkuppeln. Aber wir haben hier doch keinen Heiratsmarkt!"

DER PFARRER ALS SCHLÄCHTER

Don Giuseppe Mattanza meint, „da wird ein bisschen auf Sensation gemacht in Limone". Sein Nachname ist furchterregend – Mattanza bedeutet im Dialekt

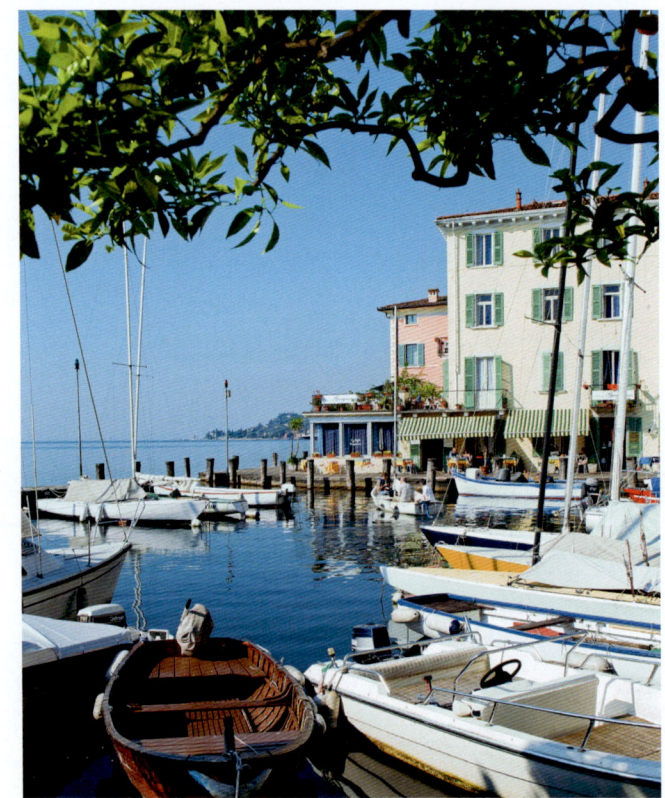

Gargnano (rechts und rechte Seite) ist der nördlichste Punkt jener „Brescianer Riviera", dem von hier bis nach Salò reichenden Küstenstreifen, den die „vornehme Welt" in Mailand und Brescia um die Wende zum 20. Jahrhundert als Standort prunkvoller Villen inmitten herrlich mediterran anmutender Natur auserkoren hatte. Vom Massentourismus blieb auch Gargnano selbst bis heute weitgehend verschont. Nichts für den kleinen Geldbeutel ist die direkt am Seeufer als Sommerresidenz der gleichnamigen Unternehmerfamilie erbaute Villa Feltrinelli (unten), in der man sich heute – nach einer rund 30 Millionen Euro teuren Renovierung – anschickt, die Kategorie *Luxus* als „Herberge" neu zu definieren. Kleinere Annehmlichkeiten wie ein eigener Hubschrauberlandeplatz dürfen dabei natürlich nicht fehlen.

Lago di Garda West

Schlächter –, doch sein Wirkungskreis darf als atemberaubend bezeichnet werden: Als Pfarrer von Tignale gehört die zwischen Limone und Gargnano gelegene Wallfahrtskirche Madonna di Monte Castello zu seiner Gemeinde. In knapp 700 Metern Höhe scheint sie wie ein Balkon über dem See zu schweben – mit Blick in den Süden und auf das Monte-Baldo-Massiv am gegenüberliegenden Ufer. Don Giuseppe bedankt sich jeden Tag im Gebet, dass er „das Privileg hat, an einem der schönsten Kirchenplätze Europas wirken zu dürfen".

Don Giuseppe bedankt sich jeden Tag im Gebet, dass er „das Privileg hat, an einem der schönsten Kirchenplätze Europas wirken zu dürfen".

Der 52-jährige Theologieprofessor befasste sich ebenfalls mit dem Gen von Limone. Das Thema Inzucht wertet er „als positives Zeichen von Gott, auch wenn die Ursache negativ ist". Nach einer kurzen Pause fügt er hinzu: „Wussten Sie, dass Gargnano den höchsten Prozentsatz bei Krebserkrankungen in der Provinz hat?" Das soll wohl heißen: Gott gibt's, Gott nimmt's, mal hier, mal dort ...

DAS HÜBSCHESTE DORF AM SEE

In Gargnano ist es nie so voll wie die ganze Saison über in Limone. Gargnano biedert sich mit seinem touristischen Angebot nicht so an wie Bardolino. Und viele halten den Ort für den „italienischsten" am Gardasee. Zwischen 1943 und 1945 war die „Villa Feltrinelli" Mussolinis Residenz. Heute ist die denkmalgeschützte neogotische Villa mit ihrem herrlichen Park ein Luxushotel, dessen Preisliste Schwindelanfälle verursacht.

Ob Gargnano nun wirklich das hübscheste, ungeschminkteste Dorf am See ist oder nicht, ob das „italienische" West- wirklich dem „deutschen" Ostufer vorzuziehen wäre? Letztlich sind das Glau-

Dass Gabriele d'Annunzio ziemlich verrückt war, ist sicher noch das freundlichste, das man über den Dichter sagen kann. „Ver-rückt" wurde auch dieses im Garten des Dichters „gestrandete" Vorschiff eines Marinekreuzers.

Kaiser, Könige und andere erlauchte Persönlichkeiten haben schon in Gardone Riviera residiert – und wo bleiben Sie? Tatsächlich wirkt der Ort heute fast das ganze Jahr über auf eine höchst angenehme Weise ziemlich verschlafen: wie die Antithese zu Alltagshektik und Urlaubsstress. Das Leben ist ein langer, ruhiger See, könnte man meinen – ins Spiel der Wellen eingeschrieben scheint eine Ahnung von Vergänglichkeit, vom Werden und Vergehen, was vielleicht etwas pathetisch klingt … Aber auch für Pathos ist an einem Ort, den sich der eine Dichter, Gabriele d'Annunzio, zum Sterben aussuchte, und an dem ein anderer Dichter, André Heller, in einem botanischen Garten der Natur seine Referenz erweist, durchaus Platz.

Alltag in Gardone: Bougainvilleen säumen die Straßen – und betören die Sinne.

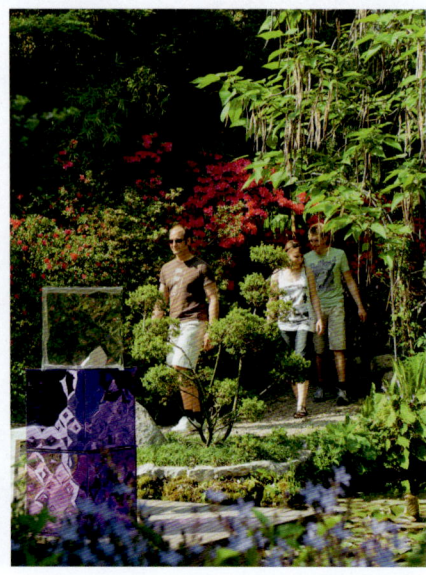

Angelegt wurde Gardones Botanischer Garten ursprünglich von Arthur Hruska.

Alltag im Grand Hotel Gardone: Auch hier geht es eher ruhig zu, ein leicht verblasster Charme vergangener Noblesse durchzieht das Gemäuer, und still plätschert der See.

Die Zeiten von „Wurstel con Krauti" sind vorbei. Und umgekehrt weiß inzwischen jeder Deutsche, dass italienische Küche nicht nur aus Pasta und Pizza besteht.

bensfragen, für die Don Giuseppe zuständig bleibt. Im 21. Jahrhundert hat sich jedoch längst alles vermengt. Italienisches Flair gibt's in Gargnano genauso wie in Malcesine. Die Zeiten von „Wurstel con Krauti" sind vorbei. Und umgekehrt weiß inzwischen jeder Deutsche, dass italienische Küche nicht nur aus Pasta und Pizza besteht. Gesprochen wird, hier wie dort, italienisch und deutsch. Geblieben ist lediglich die Grandezza der südlichen Westküste mit den Palazzi zwischen Bogliaco und Salò, den alten Grand Hotels von Fasano und Gardone sowie dem „Savoy Palace". Es gibt aber auch Leute, die meinen, besonders in Maderno und Gardone sei einfach nur die Zeit stehen geblieben, als ob gegen Ende der 1960er-Jahre jemand „Stopp" gesagt hätte.

GLAUBENSFRAGEN

Auch ob die Straße an der Westküste schöner ist als die am Ostufer entlang verlaufende, bleibt letztlich eine Glaubensfrage. Die 74 Tunnel auf der Westseite müssen allerdings erst mal überwunden werden. Sprich: durchfahren. Sie sind dunkel, feucht, muffig und zumindest für Rad-, Roller- oder Cabriofahrer nicht wirklich geeignet. Sicher, die Aussicht dazwischen ist klasse, aber genießen kann man sie kaum, da fast überall absolutes Halteverbot gilt. Am Ostufer bietet dagegen die Gardesana orientale einen fast durchgängigen See-

Frischer Fisch frisch auf den Tisch – dafür sorgt (vielleicht nicht ganz so, wie es das unten stehende Bild suggeriert) Gianni Briarava, *il Patrone* der ziemlich versteckt in einer kleinen, verkehrsberuhigten Gasse in Salò gelegenen Antica Trattoria alle Rose, die nicht nur für frischen Fisch, sondern auch für leckerste Vorspeisen und deliziöse Pasta bekannt ist. Ebenso genährt werden in der größten Stadt am Westufer die Bedürfnisse des kulturellen Conaisseurs – der gewaltige Duomo Santa Maria Annunziata (rechts) ist das bedeutendste spätgotische Bauwerk am ganzen See. Ansonsten gilt aber auch in Salò: Dem Flaneur (rechte Seite) ist nichts zu schwör. Beim Dahinschlendern an der Uferpromenade wird der Geist frei, die Luft bezirzt die Sinne, und wem vom Laufen die Beine erdenschwer werden und das Gemüt heiter, der kann dann ja einkehren, irgendwann, zum frischen Fisch auf dem Tisch.

blick von Torbole bis Garda. Und dort gibt es nur neun Tunnel und bis zum Abend Sonne ...

VON GARDONE ...

Lange bevor in Gardone einer mal Stopp gesagt hat, wurden dort um das Jahr 1900 herum Sonnenkuren angeboten. Wo einst König Georg von Sachsen im Liegestuhl lag, Literaturnobelpreisträger Paul Heyse sein Gedicht „Letzter Wille" schrieb – eine Ode an den Gardasee – und später Gabriele d'Annunzio über die Anlage seines Vittoriale nachdachte, kann man heute im „Ristorante Casino" gut speisen, inklusive Sonnenbaden auf der weitläufigen Terrasse.

Salò hat heute viel mehr zu bieten als seine zweifelhafte Historie.

Das schönste am Vittoriale degli Italiani – Gabriele d'Annunzios „Siegesdenkmal der Italiener" – ist der Blick vom vierterrassigen Park aus auf den See. Als „skurrile Stätte seiner Selbstbeweihräucherung" wird die Anlage im Baedeker treffend beschrieben, und wer mehr über den dichtenden Dandy d'Annuncio mit seiner fatalen Neigung zum Faschismus wissen will, der kann sich in seinem ebenso hier zu besichtigenden Wohnhaus ein eigenes Bild machen.

... NACH SALÒ

Von 1943 bis 1945 herrschte Mussolini, den Gabriele d'Annunzio so verehrte, am Ende der Gardesana occidentale. Der „Duce" machte das kleine Salò zum Regierungssitz und verhalf ihm so zu einem Platz in den Geschichtsbüchern. Aber Salò hat heute viel mehr zu bieten als seine zweifelhafte Historie. Die Uferpromenade mit ihren Dachterrassenhäusern gehört zu den schönsten am See. Die Arkaden und Palazzi haben Flair. Nur die Bucht ist klein und eng. Da kann das Gefühl für den großen Gardasee leider recht schnell verloren gehen.

LEFAY RESORT & SPA LAGO DI GARDA

Drei Buchstaben – eine Wohltat

Die von dem gleichnamigen belgischen Badeort hergeleitete Bezeichnung „Spa" ist ein Synonym für Wellness, Beauty und Gesundheit geworden. Hoch über Gargnano gelingt einer Airliner-Familie mit dem „Lefay Resort & SPA" die angenehmste Interpretation am Gardasee.

"Luxus ist nicht das, was glitzert, sondern das, was uns im tieferen Sinne gut tut", sagt Alcide Leali, Sohn der Besitzerfamilie des Lefay Resort & SPA. Während mancher Konkurrent am See sein Spa nebst Ayurveda-Angebot in klassische Ferienhotelarchitektur kleidet, setzt man hier auf ganzheitliches Wohlbefinden, das eben schon bei der Architektur beginnt. Von außen wirkt das lichtdurchflutete Resort wie eine traditionelle Limonaia. Sämtliche Suiten – nur solche gibt es – sind mit natürlichen Materialien ausgestaltet, mit Marmor, Nuss- und duftendem Olivenholz. Zum ganzheitlichen Wohlfühlen gehört für viele aber auch die Umweltverträglichkeit. 93 Prozent der Energie für Heizung, Warmwasser und Pools stammt aus erneuerbaren Quellen.

Die Küche setzt selbstredend auf regionale und saisonale Produkte, denn Alcide sieht „den Esstisch als integralen Bestandteil eines Wegs zum Wohlbefinden". Dazu gehört in Italien auch eine gute Flasche Wein. Aber wer zum entschlackenden, kalorienarmen Menü von Chef de Cuisine Maurizio Bufi („La Leggerezza nell'Essere" heißt die gemäß der energetischen Ernährungslehre entwickelte Speisenfolge, übersetzt: „Die Leichtigkeit des Seins") lieber einen frischen Saft oder lauwarmes Wasser trinken möchte, der wird nicht schräg angeschaut. Was auch eine gute Basis für ganzheitliche Wellness ist: Wer Saft zum Dinner trinkt, trinkt halt Saft. Wer klassische italienische Küche vorzieht: bitte! Und wer in der Sauna die Badehose nicht ausziehen will, wie viele Italiener, der lässt sie eben an.

Oben, linke Seite und diese Seite unten: Lobbyisten und Panoramablicke in einem der Healing Hotels of the World.

WIEDERHERSTELLUNG DER LEBENSENERGIE

Im Spa selbst setzt man hier auf die Wiederherstellung der Lebensenergie nach den Prinzipien der traditionellen chinesischen Medizin, auf die Beachtung der Energiebahnen sowie auf den Einsatz von Massagetechniken, Heilpflanzen und Nadeln. Wer sein Wohlbefinden lieber ohne Anwendung suchen will, der wird in je zwei Süß- und Salzwasserpools fündig – innen leider mit recht lauter Hallenbadatmosphäre –, einer Relaxgrotte, je einer Dampf-, Kräuter-, Olivenholz-, Finnischen und Damensauna. Und das alles wird ergänzt um einen unverbauten Blick auf den See einerseits und die beiden schönen Bergrücken Pizzocolo und Fassane andererseits.

WAS UND WO?

Lefay Resort & SPA Lago di Garda (Suite mit À-la-carte-Halbpension und Spa-Benutzung ab 340 Euro), Via Feltrinelli 118, 25084 Gargnano, Tel. 0365/241800, Fax 0365/241899, www.lefayresorts.com

Luxus ist nicht das, was glitzert, sondern das, was uns im tieferen Sinne gut tut.

Infos

Lago di Garda West

Entlang der Limonenriviera

Das Westufer des Gardasees hat nur wenig Raum. Vom Norden her kommend breitet sich der See nach Osten aus – im Westen streben fast überall Steilwände gen Himmel. Trotzdem haben sich an den wenigen Nischen entlang der Gardesana occidentale liebenswerte Dörfchen eingenistet, die alle einen ganz eigenen, sehr unterschiedlichen Charme versprühen.

01 LIMONE

In der Hochsaison ist Limone (1000 Einw.) voll – wie ein kleiner Mittelmeerort, in dem ein riesiges Kreuzfahrtschiff angelegt und Passagiere ausgespuckt hat. Durch die engen Gassen sollte man sich einfach treiben lassen.

Sehenswert
Das Rathaus wird in Limone La Casetta, das Häuschen, oder offiziell **Villa Boghi** genannt. Im Park mit herrlichem Blick auf den Obersee hat man Zugang zu einer sehr schönen Limonaia. Die **Limonaia del Castel** gehört sogar zu den schönsten Zitronengewächshäusern am See. Seit dem 18. Jh. wurden dort Zitronen auf mehr als 1600 qm angebaut. Erst seit 2004 ist sie der Öffentlichkeit zugänglich (April–Okt., tgl. 10.00–18.00 Uhr). Das **Dokumentationszentrum** im ehemaligen Gemeindehaus der Via Comboni zeigt zum einen die touristische Entwicklung des Orts, gibt aber auch weitere Informationen zum A-1-Protein, das weltweit nur in Limone vorkommt (tgl. 10.00–20.00 Uhr).

Erleben
Den Blick von der Occidentale auf Limone mit den Kirchen San Benedetto und San Pietro vom Parkplatz des Splendid Palace aus (Via IV. Novembre 70); für einen kurzen Spaziergang kann man dann mit dem Hotellift praktisch ins Ortszentrum gelangen.

Veranstaltungen
Zum Ende der Hochsaison gibt's Wasserfontänen und Feuerwerk vor der Kulisse Limones bei der **Fontane-Danzanti-Nacht** (Termine unter www.visitlimonesulgarda.com).

Aktivitäten/Shopping
Auch in Limone kann man sehr gut **Surfen** oder **Catfahren**; Material und Kurse bei Wind-Riders (Via Nova 24, Tel. 348/88975467, www.windriders.eu). **Scooter** und **Mountainbikes** sind in der Via Einaudi bei Tombola Rent zu mieten (Tel. 0339/5983686). **Markttag** in Limone ist jeden Dienstag, 8.00–14.00 Uhr.

Restaurant/Unterkunft
Tagliolini fatti in casa mit Zitronencremesauce schmecken im €€ **Le Palme**, dazu Salat, Filet und Sorbet als 4-Gang-Menü (Via Porto 36, Tel. 0365/954681).
Umgeben von Zitronengärten und Olivenhainen, entfernt vom Autoverkehr, direkt am See und gleichzeitig sehr nahe am historischen Zentrum liegt das Hotel €€ **Al Rio Se**, mit Privatstrand und Bojen (Via Nova 12, Tel. 0365/954182, www.hotelalriose.com).

Information
Tourismusverband, Via IV Novembre 25, 25010 Limone, Tel. 0365/954008, www.visitlimonesulgarda.com

02 CAMPIONE/TREMOSINE

Dies ist der einzige ortsplanerische Fehlgriff am Gardasee, ein Investmentprojekt, das scheiterte. Das Dorf besaß 1910 die erste Industrie am See, Baumwollspinnereien, aber nach 1945 zogen die Jungen weg. Das Projekt „exklusiver Segelhafen" scheiterte, die teuren Apartments dazu stehen weitgehend leer. Campione gehört zu Tremosine und hat nur noch rund 200 Einwohner. Die Lage zwischen See und Steilwand wirkt wohl nirgends dramatischer als hier.

Aktivitäten/Einkaufen
Campione gilt als Top-**Segel**-, **Surf**- und **Kite**-spot. Ausrüstung und Kurse bei Tender Windsurf (Via Verdi 9, Tel. 0365/916900, www.tendersurf.it).

Restaurant/Unterkunft
An der Punta Forbisicle in Traumlage direkt über dem Wasser speisen: €€ **Forbisicle** (Tel. 0365/799880). Nicht unten am See, sondern oben auf der Alm kann eines der nur fünf Zimmer im € **Agriturismo La Zangola** gemietet werden (Via Crune 30, Sompriezzo di Tremosine, Tel. 0365/953229, www.lazangola.info).

Umgebung
Tremosine als eigene Ortschaft gibt es nicht, obgleich Pieve oft so bezeichnet wird. Die Gemeinde besteht aus 18 Dörfern, 17 davon auf der Hochebene. Sie liegen in engen Tälern, auf Anhöhen oder Ebenen inmitten von Wiesen und Pinienwäldern zwischen 65 Höhenmetern am See (Campione) und 1976 am Monte Caplone. Eine kurvenreiche Fahrt durch die Dörfer gehört zu den Musts über dem See. Unbedingt in **Pieve** an der Schauderterrasse stoppen (siehe Tipp oben). Und am besten auf der Hochebene weiter kurvenreich nach **Tignale** fahren. **Madonna di Monte Castello** ▶TOPZIEL, deren

Tipp
Limoncello hausgemacht
„Vier Tage muss er ziehen", sagt Claudio Usardi über den Limoncello für seine Gäste der **Bar Gemma** an der Piazza Garibaldi in 01 **Limone**. Ein Limoncello besteht ja nur aus Zitronenschalen, Zucker und 90-prozentigem Alkohol. Hundert Liter pro Jahr erzeugt er. „Dafür brauchen wir die Schale von 300 Zitronen, die alle aus dem Familiengarten kommen. Und was es auch nur bei uns gibt: In einige Liter gibt mein apulischer Küchenchef Donato noch einen Schuss pasteurisierte Milch." Eine weitere Alternative: Limoncello-Eiscreme. Die gibt's ums Eck in der „Roxy Bar", Via Comboni 20.

Tipp
Wohliges Schaudern
Blicke in die Tiefe gibt es viele am Gardasee. Wer jedoch kein Kletterer ist, sicheren Boden unter den Füßen haben und trotzdem mal einen Überhang erleben möchte, der fährt am besten zur Schauderterrasse nach 02 **Pieve di Tremosine**. Die Restaurantterrasse des **Hotel Paradiso** ragt an einer Stelle mehrere Meter über den Rand des Abgrunds hinaus.

www.terrazzadelbrivido.it

Infos

Fassade von 1904 im Jahr 2008 renoviert wurde, gehört zu Tignale und besitzt die größte Votivtafel aller Wallfahrtskirchen Italiens aus dem 16. Jh. (rechts neben dem Eingang). Die Madonna selbst stammt aus dem 14. Jh. von einem Giotto-Schüler, die Krone kam erst im 19. Jh. dazu, höchstamtlich genehmigt vom Vatikan. Das Monumento Nazionale Italia ist von Ostern bis Oktober geöffnet (tgl. 9.00–18.00 Uhr).

Information
Tourismusverband, Piazza Marconi 1, 25010 Pieve di Tremosine, Tel. 0365/95 31 85, www.tremosine.com

03 GARGNANO

Gargnano ▶TOPZIEL ist einer der beschaulichsten Orte am See (rund 3300 Einwohner inklusive zehn weiterer Dörfer).

Sehenswert
Die Kirche **San Francesco** von 1289 bestimmt das Ortsbild. Im angeschlossenen und noch älteren **Kloster** findet man den Sarkophag des Namensgebers, Argilo da Gargnano. Die Mönche des Klosters brachten im 13. Jh. die ersten Zitronen an den Gardasee. Am niedlichen **Hafen** steht das **Rathaus** und wenige Schritte weiter der **Palazzo Feltrinelli**, in dem während der Salò-Regierung die Faschisten einige Ministerien einquartiert hatten. Der südlich gelegene Ortsteil Bogliaco protzt mit der spektakulären **Villa Bettoni** aus dem 18. Jh., ihrem italienischen Garten und den Limonaie. Das Schönbrunn des Gardasees ist in Privatbesitz und kann nur von außen besichtigt werden.

Veranstaltungen
Die **Centomiglia**, immer im September, gehört zu den wichtigsten internationalen Segelregatten auf Binnengewässern (www.centomiglia.it).

Aktivitäten/Einkaufen
Der **Golfplatz** von Bogliaco war 1912 erst der dritte in Italien. Die italienischen Faschisten machten um 1930 ein Getreidefeld daraus, die Deutschen wenig später eine Flugzeugpiste und die Amerikaner nach dem Krieg einen Baseballplatz. Seit 1953 darf wieder Golf gespielt werden (Tel. 0365/64 30 06, www.golfbogliaco.com). **Markt** ist jeden zweiten Mittwoch von 8.00–13.00 Uhr.

Restaurant/Unterkunft
€€€€ **La Tortuga** gehört zu den wenigen Restaurants am Obersee mit Michelin-Stern. (Via XXIV. Maggio 5, Tel. 0365/712 51).

€€€€ **Grand Hotel a Villa Feltrinelli**, eines der besten Hotels in Europa, 5 Sterne, 300 m langes privates Seeufer, stilsichere Eleganz, perfekter Service und Rosenblätter im WC-Wasser (Via Rimembranza 38, Tel. 0365/79 80 00, Fax 0365/79 80 01, www.villafeltrinelli.com).

Information
Tourismusverband, Piazzale Boldini 2, 25084 Gargnano, Tel./Fax 0365/79 12 43, www.gargnanosulgarda.com

04 TOSCOLANO-MADERNO

Mit knapp 8000 Einwohnern ist Toscolano-Maderno eine der größeren Gemeinden am See. Der Doppelort (seit 1928) liegt auf einer Halbinsel, die vom Torrente Toscolano in Nord und Süd beziehungsweise in Toscolano und Maderno geteilt wird. Maderno ist der schönere Teil.

Sehenswert/Einkaufen
Der **Lungolago Zanardelli** mit dem Lido von Maderno gehört zu den längsten und schönsten Seepromenaden am Gardasee. Toscolano

Villa Bettoni: Das „Schönbrunn des Gardasees"

kontert zwar mit den Fundamenten der römischen Badevilla **Nonii-Arii**, hat aber einen deutlich kleineren Lido. Seit 1606 das Zentrum von Maderno: der **Gonzaga Palast**, in dem die Herzöge von Mantua den Sommer verbrachten. Später kam die unterirdisch verbundene **Villa del Serraglio** dazu. **Markttag** ist der Donnerstag, immer von 8.00 bis 13.00 Uhr.

Restaurant/Hotel
Etwas oberhalb gibt es in der €€ **Osteria ai Cantagai** typische Brescia-Küche mit den berühmten Fleischspießen Spiedo Bresciano con Polenta (Via Del Sarto, 25088 Gaino di Toscolano-Maderno, Tel. 0365/64 17 85). Das €€ **Hotel Villa Maria au Lac** liegt direkt am Ufer und hat einen Privatstrand zu bieten. Selten am Lago: Das Frühstück wird auf der sonnigen Terrasse serviert (29 Zimmer, Via Roma 45, 25088 Toscolano-Maderno, Tel. 0365/ 54 62 01, www.hotel-villamaria.it).

Umgebung
Außerhalb des Doppelorts findet man im Norden schöne Limonaie und im Westen das **Tal der Papiermühlen** mit vier Ruinen.

Information
Tourismusverband, Via Trento 5, 25088 Toscolano-Maderno, Tel. 0365/54 60 23, www.comune.toscolanomaderno.bs.it

05 GARDONE RIVIERA

Schon seit 1884 ist Gardone Riviera auf der touristischen Landkarte, seit ein österreichischer Hotelier ein 400-Zimmer-Grand-Hotel erbauen ließ, das heutige Grand Hotel Gardone. Der Ort mit seinen 2500 Einwohnern bietet nostalgische Atmosphäre – und viel Ruhe.

Sehenswert/Museum
Ein Bummel durch das Städtchen zeigt: Dort ist wirklich zuweilen die Zeit stehengeblieben. Verwunschene **Villen** von A wie Alba bis V wie Violetta finden sich zuhauf, viele mit Faschismus-Geschichte. Der markante **Torre San Marco** soll einst der Treffpunkt für Mussolini und seine Geliebte Claretta Petacci gewesen sein. Für Heller-Fans ist die **Fondazione André Heller** zu nennen: ein schöner botanischer Garten (März–Okt. tgl. 9.00–19.00 Uhr).

Der Lieblingsdichter des faschistischen Italien geizte nicht mit Exponaten in und um seinem ehemaligen Wohnhaus: Im **Vittoriale degli Italiani** taucht wie eine Fata Morgana auf einem dicht bewachsenen Hügel das Kriegsschiff „Puglia" auf, das dem Dichter von der italienischen Kriegsmarine geschenkt wurde. Auch das Flugzeug, mit dem d'Annunzio 1918, kurz vor Ende des Ersten Weltkriegs, über Wien flog, um Propagandaflugblätter abzuwerfen, ist zu sehen (Via Vittoriale 12, Tel. 0365/29 65 11, www.vittoriale.it, Kernöffnungszeiten tgl. außer Mo. 9.00 bis 17.00 Uhr, Innenbereiche nur mit Führung).

Aktivitäten
Wo die Grandezza zu Hause ist, kann man auch mal ein feines **Segel-** oder **Motorboot** mieten, bei Garda Yachting Charter (ab 180 bzw. 120 Euro pro Tag, Porto Maderno, Tel. 0365/ 54 83 47, www.gyc.it).

Restaurant/Unterkunft
Im €€€ **Ristorante Casino** herrscht die wohl authentischste Belle-Epoche-Atmosphäre, die Lage am See ist fantastisch und das Essen gut (Via Zanardelli 166, Tel. 0365/203 87).

Von den drei klassischen Grand Hotels hat das €€€€ **Grand Hotel Fasano** mit seinem Spa leicht die Nase vorn (Corso Zanardelli 190, 25083 Fasano di Gardone Riviera, Tel. 0365/

290220, www.ghf.it). Das €€€€ **Grand Hotel Gardone** war das erste große Haus am See, in dem viele illustre Gäste wie Churchill, Nabokov oder Maugham abstiegen (Via Zanardelli 84, Tel. 0365/20261, www.grandhotelgardone.it). Das €€€ **Savoy Palace** ist mit 60 Zimmern das kleinste der drei Großen. Es liegt aber nicht unmittelbar am Ufer (Via Zanardelli 2, Tel. 0365/290588, www.savoypalace.it).

Information
Tourismusverband, Via Repubblica 6, 25083 Gardone Riviera, Tel./Fax 0365/20347, www.zitronenriviera.de

06 SALÒ

Das Städtchen mit seinen mehr als 10 000 Einwohnern hat mit Mussolini Geschichte geschrieben: Zwei Jahre lang war es die Hauptstadt der faschistischen Repubblica Sociale Italiana. Beständiger als die Republik von Salò erwies sich zum Glück die Lage des Orts – eine der schönsten am See.

Sehenswert/Museum
Ein wunderbarer **Lungolago**! Dort befinden sich auch der prächtige **Palazzo della Magnifica Patria** von 1524, schattige Arkaden und Palmen. Der Dom **Santa Maria Annunziata** aus dem 16. Jh. besticht trotz dem marmornen Renaissanceportal durch Understatement. Geschichtsinteressierte finden im **Historischen Museum** des blauen Bandes weitreichend Aufklärung, auch über die Jahre 1943 bis 1945 (Via Fantoni 49, www.museonastroazzurro.it, Sa./So. 10.00–12.00 und 15.00–17.00 Uhr).

Erleben/Einkaufen
Hier gibt es das beste Eis am See – die lange Schlange am Domplatz weist den Weg zur **Casa del Dolce** (Tel. 0365/22162). Wenn es um Mode- und Schuhgeschäfte geht, erinnert Salò ein bisschen an Mailand. Die **Piazza Zanelli**, die **Via San Carlo** und **Via Butturini** bieten alles, was eine Ragazza für ihren Stil braucht. **Markttag** ist Samstag, immer von 8.00 bis 13.00 Uhr.

Restaurant/Unterkunft
Für gehobenes Tafeln bietet sich die €€€ **Antica Trattoria alle Rose** an (Via Gasparo da Salò 33, Tel. 0365/43220). Eine schöne 4-Sterne-Ausnahme unter viel Durchschnitt in Salò: €€€ **Romantik Hotel Laurin** (Viale Landi 9, Tel. 0365/22022, www.laurinsalo.com).

Information
Tourismusverband, Piazza San Antonio 4, 25087 Salò, Tel./Fax 0365/21423, www.comune.salo.bs.it

DuMont Aktiv

Durch die Hölle in den Himmel

Oh, wie schön sind weiche Knie! Bei einer Mountainbiketour vom Seeufer hinaufs aufs Altiplano von Tremosine vergisst man die körperlichen Strapazen beinahe, weil Landschaft und Strecke gleichermaßen begeistern. Oben angelangt, wartet dann ein zünftiger Tremosine-Käse als herzhafte Belohnung.

Pfarrer Don Giacomo Zanini gab 1913 die Anregung, vom Hafen Campione di Tremosine aufs Plateau nach Pieve di Tremosine eine Straße zu bauen. Besonders Mountainbiker sind dem Don dankbar für diese Idee, auch wenn sie den Himmel von Pieve nur erreichen, wenn sie durch die Höllenschlucht des Wildbachs Brasa radeln. Aber der Reihe nach: Zunächst ist da der Blick entlang der Steilwand nach oben. Wie war es nur möglich, dass eine Straße bis aufs Altiplano führen kann, das in Luftlinie nicht versetzt 300 Meter direkt über einem liegt? Jahrhundertelang gab es nur einen Pfad vom Hafen nach Pieve, auf dem Holz und Kohlen, aber auch Oliven und Weizen geschleppt wurden. Den Kot der Esel sammelten die Treiber auf dem Rückweg als Brennmaterial wieder ein ... Oberhalb des Fußballplatzes von Campione geht's

Fantastische Panoramablicke

los in Richtung Tunnel nach Riva, dann links halten, der alten Straße von Don Giacomo folgen und durch die kühle Brasa-Schlucht fahren, die auch Höllenschlucht genannt wird. Die Straße wurde mal kühn auf Felsvorsprünge gesetzt, mal aus dem Felsen gehoben. Sie schlängelt weiter bis Pieve, immer wieder mit fantastischen Panoramaausblicken garniert. Dort angekommen, ist es dann Zeit für eine Stärkung mit dem vor Ort gemachten Tremosine-Käse, ob aus dem Alimentari oder im Ristorante.

WEITERE INFORMATIONEN

Die Tour ist 23 Kilometer lang, beinhaltet insgesamt knapp 750 Höhenmeter, da es immer wieder auf und ab geht, hat einen mittleren Schwierigkeitsgrad und kann in vier bis fünf Stunden mit einem Mountainbike gefahren werden.

In Pieve gibt es mehrere Übernachtungsmöglichkeiten, darunter das „Hotel Miralago" mit seinem Restaurant-Balkon mit Überhang, 300 Meter über dem See (DZ ab 66 Euro, Piazza Cozzaglio 2, Tel. 0365/953001, Fax 0365/953046, ***www.miralago.it***).

Lago di Garda Ost
66–67

Bello Lago – oben ohne

Fahrvergnügen, Gaumenfreuden, Badespaß – alles nach Lust und Laune: La Dolce Vita in einem Cabrio auf der Gardesana orientale, der Staatsstraße SS 249, die an der Ostküste entlang vom Norden geradewegs über Malcesine und Brenzone bis nach Torri del Benaco führt. Olivenbäume und Zypressen bestimmen hier das Bild auf 40 grandiosen Kilometern – Urlaubsvergnügen pur.

Stadt, Berg, See: Der Burgfelsen, zu dessen Füßen sich das alte Malcesine gruppiert, scheint förmlich aus den engen Gassen emporzusteigen.

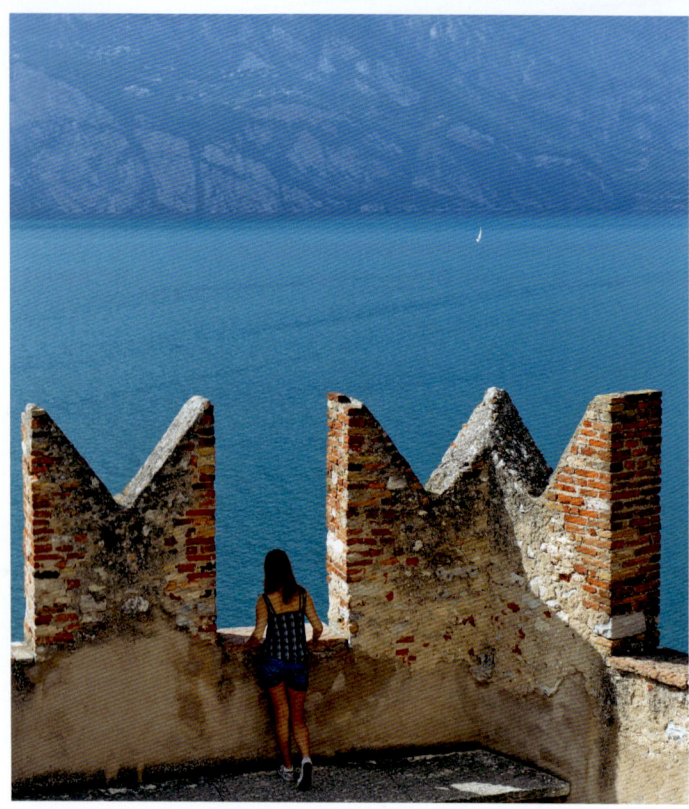

Burgfräulein: Die gesamte, sich aus mehreren Zinnen zusammensetzende, von einem Hauptturm überragte Festung ist heute als Museum zugänglich.

Altstadtbummel: Für Goethe war Malcesine „der erste venezianische Ort an der Morgenseite des Sees".

Wer mit dem Boot nach Malcesine fährt, mit der Fähre von Limone her etwa, der bekommt den schönsten Eindruck von der Stadt.

Lago di Garda Ost

"Che bella!" Zwei Bauarbeiter stützen sich an der Viale Roma von Malcesine auf ihre Schaufeln und spendieren bewundernde Blicke. Eine vorbeischlendernde Blondine schaut kurz verwirrt, dann stöckelt sie weiter. Die Arbeiter glotzen doch tatsächlich nicht ihr, sondern einem Cabrio nach!

ITALIEN UND EROTIK ...

... gehören ebenso zusammen wie Italien und flotte Autos, Spaghetti al dente, Sonne, Seen und Meer. Und der Gardasee verkörpert gerade entlang der Gardesana orientale noch etwas von jenem Italien, das einst für die Deutschen kein Reiseziel war wie viele andere, sondern ein Traum. Damals saßen die deutschen Froilein noch romantisch am Ufer und wurden besungen von liebeshungrigen Italienern mit schwarz gelocktem Haar und Ringel-T-Shirt. Das Leben schien heiter und unbeschwert, kaum ein Wölkchen trübte den Himmel.

JAMES BOND UND DER SEE

Und genauso ein Tag ist heute – just an der Stelle, wo James Bond auf der Geraden zwischen Torbole und Malcesine seinen Aston Martin im See versenkte. Genaugenommen war es ein Techniker der Filmcrew, der der Orientale nicht widerstehen konnte, viel zu schnell fuhr und dann sogar flog: durch die Leitplanke in den See ... Zum Glück konnte sich der 29 Jahre alte Fahrer ans Ufer retten, der Sportwagen aber sank 50 Meter tief. Versenkt wurden damit auch 160 000 Euro. Für den 22. Bond-Film, „Ein Quantum Trost", war das Team zwei Wochen lang am Gardasee. Ergebnis: nicht einmal zwei Minuten Filmsequenz. Unfälle gab es während der Dreharbeiten gleich drei: neben dem geschilderten „Ausflug" einen Blechschaden am echten Spielauto auf dem Parkplatz des Crew-Hotels „Du Lac et du Parc" in Riva und einen weiteren Totalschaden mit einem Attrappenauto auf der Gardesana occidentale bei der Auffahrt nach Tremosine. Als Entschädi-

Von Malcesine fährt eine Seilbahn hinauf zum Monte Baldo (2218 Meter).

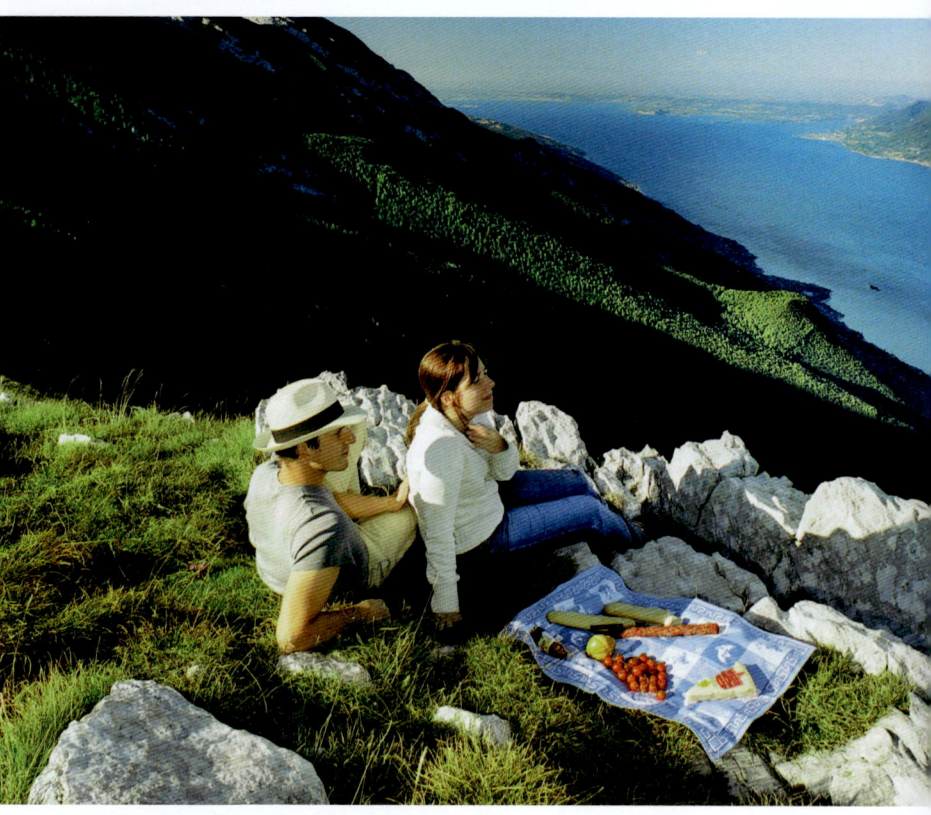

Picknick zu zweit: Von oben hat man einen herrlichen Blick hinab auf den See und hinüber zu den Südalpen.

Auch Outdoorfreaks kommen in der grandiosen „Sportarena Monte Baldo" auf ihre Kosten. Dabei sollte man aber nicht all die kleinen Kostbarkeiten am Wegesrand übersehen: Da der Baldo während der letzten Eiszeit unvergletschert blieb, überlebten hier viele Endemiten die lange Kälteperiode.

Die faszinierende Bergwelt des Benacus, wie der 370 Quadratkilometer große und bis zu 346 Meter tiefe Gardasee bei den Römern hieß, kann man völlig stressfrei erleben: beim Wandern.

gung für die andauernden Straßensperrungen schenkte die 007-Filmproduktionsfirma der Gemeinde übrigens einen Krankenwagen, aber kein „Quantum Trost": Im Film wird der Gardasee mit keiner Silbe erwähnt.

IM CABRIO NACH MALCESINE

Unser Wagen gleitet über die Gardesana orientale, genüsslich, ohne Eile; wir behalten den Lago stets im Blick. Knapp 40 Kilometer lang ist die Strecke zwischen Torbole und Torri. Die Straße führt immer am Wasser entlang, aber auch die Ortschaften und sogar drei Inseln scheinen zum Greifen nahe. Man sieht traumhafte Villen „mit Blick auf den See" und dazwischen immer wieder einen Campingplatz, dessen vergleichsweise nüchterner Anblick einen zurück auf den Boden holen sollte, um nicht schwärmerisch abzuheben ob all der gardesanischen Oberflächenreize und dann vielleicht in einem ebenso hohen Bogen ins Wasser zu fallen wie der Mann für „James Bond".

Das erste Highlight ist Malcesine. An der Spitze eines Felsvorsprungs thront die mittelalterliche Skaligerburg, vielleicht die schönste am ganzen See. Herausgeputzte Häuschen in winkeligen Gassen mit rundem Kopfsteinpflaster und vielen, vielen Topfpflanzen, steile Treppen hier, ein wie gemalt wirkender Innenhof dort – wenn nur nicht die ungezählten Souvenirläden wären. Boutiquen, Pensionen, Restaurants und Cafés in diesem verschachtelten Ort sind stets gut gefüllt. Gäbe es diese nicht, könnte man aber fast meinen, das Dorf habe sich seit Goethes Besuch während der italienischen Reise kaum verändert. Übrigens wurde der Dichterfürst hier am 13. September 1786 auf seiner Reise durch Arkadien kurzzeitig festgesetzt, weil er die Burg zeichnete und die Behörden glaubten, er sei ein Spion der Österreicher.

DER KÜRZESTE FLUSS DER WELT

Von dem Fluss Aril wusste Goethe damals noch nichts, sonst hätte er sicher auch in Cassone di Malcesine Halt gemacht, um ihn zu bestaunen. Das besondere an dem Fluss ist, dass er sofort nach der Quelle mehrere Meter breit wird, unter einigen Häusern, drei Brücken, einem kleinen See und einem Wasserfall durchfließt – und das alles auf nur 175 Metern. Damit gilt er als der kürzeste Fluss der Welt. Eine Bucht weiter, in Assenza, beginnt Brenzone. Hier strahlen die Dörfer selbst im Hochsommer Ruhe aus. Betritt man einen der kleinen Alimentari, dann riecht man das Aroma der 1960er-Jahre: eine Mischung aus Wurstwaren und Putzmitteln. Die Regale quellen über, die Mortadella in der Theke wird im beinahe reifengroßen Format angeboten, und der Chef selbst packt die gekauften Waren fein säuberlich in Papiertüten. All das erinnert an das Italien der 1960er-Jahre, als die Kinder im engen VW Käfer zu quengeln anfingen, bis Papa den ersten

Italien war gleichbedeutend mit dem Lieblingsgericht: Spaghetti.

großen Schritt ankündigte: „Wenn wir erst mal überm Brenner sind!" Überm Brenner, ja, dann beginnt Italien! Und Italien war gleichbedeutend mit dem Lieblingsgericht: Spaghetti mit Tomatensauce. Schnell war Ruhe im Fond.

KEIN ORT, ABER VIELE DÖRFER

Spaghetti gibt es auch in Marniga di Brenzone. Vergleichbar mit Tremosine, das auf beinahe gleicher Höhe auf dem Hochplateau der anderen Seite liegt,

Am alten Hafen von Castelletto, einem von 16 kleinen, idyllischen Orten am Ostufer des Gardasees, die zusammen die Gemeinde Brenzone bilden

Sonne tanken: in Torri del Benaco, das von den Römern zur selben Zeit kolonisiert wurde wie Verona. Besiedelt wurde der Ort aber prähistorischen Funden zufolge schon vor 4000 Jahren.

Fährt man von Malcesine weiter in südlicher Richtung die Gardesana orientale entlang, bleiben die markanten Zinnen der Skaligerburg noch lang im Blick.

Special CAMPO

Die verlassene Schöne

Aussichtsreich: Die Lage ist ideal, nur an der Infrastruktur mangelt es doch sehr.

Auf dem alten Mauleselpfad von Marniga di Brenzona nach Campo geht es steil bergauf. Rund 200 Höhenmeter und gut 30 Minuten später sind die ersten Häuser und Ruinen zu sehen. Ein Maler hat seine Staffelei aufgestellt, Schafe grasen und ein Esel steht regungslos in der prallen Sonne.

Campo ist erreicht, ein seit dem 11. Jahrhundert bewohnter Ort, heute jedoch baufällig und nur noch von fünf Einwohnern besiedelt. Alle anderen sind weggezogen: keine Straße, keine Zukunft. Aber das Dorf soll nicht sterben. Wanderer kommen immer wieder vorbei. Am Ostermontag pilgert halb Brenzone ins verträumte Campo. Nach dem Gottesdienst wird gefeiert, mit *Vino rosso* und *Bigoli con le Agole*, Spaghetti mit Alborella-Fisch, die in riesigen Kesseln über offenem Feuer gekocht werden. Auch die Magischen Nächte von Campo stehen atmosphärisch nicht hinten an: mit Jazz-Konzerten zwischen den Mauern der verlassenen Schönen (*www.brenzone.it*).

gibt es den Ort Brenzone nicht, sondern nur den Gemeindenamen und 16 unterschiedliche Dörfer. Eines davon ist Marniga, wo Giacomo Simonelli im „Belvedere" in schöner Terrassenlage über dem See eine scheinbar längst vergessene Spezialität anbietet: Spaghetti mit Kaninchen-Ragout.

EIN MENÜ „VOM HERZEN"

Unten am See, in Castelletto di Brenzone, wird schon mal gesungen, wenn das Menü gemundet hat. Dort, im „Al Pescatore" am kleinen Hafen, hat sich Livio Parisi einen Traum erfüllt. Der ehemalige Gymnasiallehrer, Bürgermeister und Buchautor (über die Fische des Gardasees) eröffnete 2004 zusammen mit seiner Frau Rosaria das nur für 25 Gäste ausgelegte Restaurant. Eine Karte gibt es nicht, denn „ich weiß ja nicht, was uns die Fischer jeden Tag bringen", sagt Livio, der nur Fische aus dem tieferen und kühleren Obersee einkauft. Rosaria kreiert je nach Fang ein Menü „vom Herzen", wie sie sagt. Die Kräuter kommen aus dem Garten, das Olivenöl wie das Gemüse aus dem Ort, und die Gäste geben sich „in meine Hände". Jeder Gang ist eine Überraschung. Auch Horst Köhler war da, als er noch das Bundespräsidentenamt bekleidete: mit drei Gästen und sieben Bodyguards, die das Ristorante geschlos-

Punta San Vigilio: Auf der etwa drei Kilometer westlich von Garda in den See ragenden Landzunge findet man die alte Kirche des heiligen Vigilius (13. Jh.), einen Privathafen, ein Hotel und ein Restaurant.

In Garda: Zeit für ein erfrischendes Getränk zwischendurch muss schon sein.

Windgeschützt zwischen den nördlichen Hängen des Monte Luppia und dem südlichen Tafelberg, profitiert man in Garda vom angenehm milden Klima.

Erika ist auch da, im schönen Hafen von Garda – jedenfalls ihr Boot. Und das heißt ja wohl, dass die Dame sich glücklich schätzen kann – oder der, der sein Boot nach ihr benannt hat.

Am Tag danach lacht wieder die Morgensonne, der Himmel strahlt azzurro, und der See präsentiert sich, als ob es nie ein Gewitter gegeben hätte.

sen hielten. Bottatrice, einen seltenen, am Grund des Gardasee lebenden, dem Aal ähnlichen Fisch mit schneeweißem Fleisch, gab's an diesem Tag zwar nicht. Die Fischer hatten keinen gefangen. Aber Persico, eine Barschart und Livios Liebling, sowie elf weitere Fischkreationen gab es – diesmal ohne Gesang des Patrons zum Finale.

DER CLUB DER PENSIONÄRE

Beim Rückweg zum Auto fällt am Parkplatz neben dem Hafen ein Tisch am Ufer auf, die Tafel des *Club dei Pensionati*. Jeder der Pensionäre hat einen Clubausweis: „Das haben wir mal aus Jux eingeführt", sagt Klaus, der einzige Deutsche im Club. An lauen Sommerabenden setzen sich die älteren Herrschaften gerne zusammen, palavern und genießen den Montesse, den leichten, kühlenden Wind vom Monte Baldo.

Alle Cabriofahrer – vor allem die rund 1,7 Millionen Cabriobesitzer in Deutschland und wahrscheinlich auch die gut tausend finnischen – haben einen natürlichen Feind: Wolken. Sie werfen Schatten, verdecken die Sonne und – noch schlimmer – sie bringen Regen! Vor Torri del Benaco ist es soweit: Es tröpfelt, und kein Herzensbrecher ist weit und breit zu sehen, der die Wolken wegsingen könnte. Es wird dunkel, fast schwarz, ein beinahe bedrohliches, unglaublich intensives Szenario, das selbst den eingefleischtesten Cabriofahrer etwas machen lässt, was er normalerweise nie macht: Schotten dicht und ab ins nächste Hotel.

O WIE SCHÖN IST DIE ORIENTALE

Am Tag danach lacht wieder die Morgensonne, der Himmel strahlt *azzurro*, und der See präsentiert sich, als ob es niemals ein Gewitter gegeben hätte. Nur beim morgendlichen Sprung in den See spürt man: Das Wasser hat gut drei bis vier Grad Temperatur verloren. Trotzdem wird es ein Badetag heute, denn zwischen Brenzone und Torri del Benaco reiht sich eine verführerische Kieselbucht an die andere. Die Skaliger-burg und die Limonaia von Torri wirken in der abendlichen Beleuchtung sowieso romantischer. Dann einen Aperol am Hafen trinken, Paolo Contes „Azzurro" mitsummen oder zu Eros Ramazottis Rhythmen den Takt klopfen; schließlich zum Dinner auf einen der Pontons am Lungolago – so kann man Fahrvergnügen, Badespaß und Gaumenfreuden bestens kombinieren auf der ach so schönen Orientale.

OLIVENÖL

Das Gold des knorrigen Baums

Im Herbst, insbesondere im November, ist Erntezeit am Gardasee. Dann hängen die Oliven grün und schwarz, je nach Reifestadium, prall an den Bäumen. Kaum eine Frucht wird eingelegt. Fast alle werden zu einem hervorragenden Öl verarbeitet. Das ist bereits seit der Antike so.

Flavio arbeitet für einen Stromerzeuger, montags bis freitags, aber am Wochenende wird er in seinem schönen Garten in Zignago di Brenzone zum Olivenbauer. Und die Olivenernte im November zählt nicht nur für Hobbygärtner wie ihn zum Höhepunkt des Jahres an der Ostküste des Gardasees. Seine 25 Olivenbäume bringen im Schnitt 250 Kilogramm Oliven, aus denen 50 Liter Öl gewonnen wird: unbehandelt, goldfarbig und sehr aromatisch. Am besten wird das Öl nach einem heißen und trockenen Sommer, auf den im Herbst noch einige regenreiche Tage folgen. Fast alle Oliven des Gardasees eignen sich weniger zum Verzehr, aber umso mehr zur Weiterverarbeitung.

OLIVENÖL STÄRKT DAS IMMUNSYSTEM

Die gesamte Arbeit, angefangen vom Pflücken über die Baumpflege und das Schlagen bis zum Sammeln, macht Flavio komplett von

Hand. Zeltplanen decken den Platz unter den Bäumen ab. Mit Stöcken und einer Spezialzange streift er die Oliven ab. Sie fallen auf die Planen und werden dort aufgesammelt. Danach geht's gleich zur Genossenschaft in die *Frantoio*, die Ölpresse. Denn es gilt die Regel der schnellstmöglichen Verarbeitung, damit das Olivenöl die höchste Qualität erreicht.

Wenn das erste frisch gepresste Öl tropft, strahlen Flavios Augen: Natives Olivenöl, *Extra Vergine*, die erste Kaltpressung bei maximal 28 Grad – etwas besseres gibt es nicht. Das meinen auch einige der älteren Bewohner von Brenzone. Sie nehmen jeden Morgen einen Löffel Olivenöl zu sich, um das Immunsystem zu stärken. Das Öl vom Gardasee, das *Extra Vergine del Garda*, ist bekannt für seine hochwertige Qualität und Milde. Die meist kleinen Ölpressen am See öffnen in der letzten Oktoberwoche und schließen oft schon vor Weihnachten. Aber in dieser Zeit laufen sie fast Tag und Nacht.

Im Frühjahr werden die knorrigen Bäume dann beschnitten. Alle Äste, die gerade in den Himmel ragen, müssen ganz weggeschnitten werden. Denn Oliven wachsen normalerweise nur auf hängenden Ästen.

Die ersten Jahre trägt ein Olivenbaum gar keine Früchte. Erst nach vier bis zehn Jahren, abhängig von der Art, trägt er im Schnitt jährlich etwa 20 Kilogramm Früchte. Daraus lassen sich drei bis vier Liter Olivenöl machen.

WENN DAS ERSTE FRISCHE ÖL GEPRESST IST

Was dran ist am flüssigen Gold des Gardasees, das erfahren Besucher idealerweise am 25. November in Castelletto di Brenzone: Am San-Caterina-Tag war früher Almabtrieb, die Limonaie wurden winterfest gemacht. Tradition bis heute: Auch die Olivenernte ist eingefahren, und das erste frische Öl wurde gepresst. An zahlreichen Ständen kann man deshalb an diesem Tag das neu gewonnene, kalt gepresste *Extra Vergine* direkt beim Erzeuger probieren, kaufen und sich über seine Herstellung informieren.

OLIVENERNTE, OLIVENÖLMUSEUM

Die Olivenernte am Gardasee findet immer im November statt. Wer nur im Sommerurlaub am See ist, der sucht am besten das Olivenölmuseum von Bardolino auf (Museo dell'Olio, im Ortsteil Cisano, www.museum.it).

Infos

Entlang der Olivenriviera

Die Gardesana orientale ▶TOPZIEL wird bestimmt vom hübschen Malcesine, von den zersiedelten Dörfern Brenzones am Ufer und an den Hängen sowie von Torri del Benaco mit seiner Skaliger-Burg. Von Nord nach Sü zieht sich die Riviera degli Olivi.

01 MALCESINE, MONTE BALDO

Malcesine ▶TOPZIEL und seine Burg faszinierten schon Johann Wolfgang von Goethe sowie Hunderttausende nach ihm. Der 3500-Einwohner-Ort gehört mit seinem mittelalterlichen Flair zu den schönsten Dörfern am See.

Sehenswert/Museum
Der ganze Ort wirkt wie ein bewohntes Freilichtmuseum. Am eindrucksvollsten ist der Weg vom **Hafen** durch die engen Pflastersteingässchen hinauf zum **Castello**. Die Skaligerburg stammt aus dem 13. Jh. und ist zu einem Wahrzeichen des gesamten Gardasees geworden. Die Romantik lockt die Liebenden: Mehr als 200 Hochzeiten finden heutzutage pro Jahr darin statt. Und die Romantik lockte Goethe, der einen Tag festgesetzt wurde – im Haus in der heutigen Via Castello 11 –, weil er die Burg malte und als Spion verdächtigt wurde. Eine Büste erinnert an ihn. Vom 33 m hohen Turm sieht man auf eine fast geschlossene Dächerschicht, so eng stehen die Häuser zusammen. Auf dem Weg zum Castello kommt man auch am **Palazzo dei Capitani** vorbei, ein wunderschöner Palast im gotisch-venezianischen Stil aus dem 16. Jh., dessen kleiner Garten direkt am Wasser liegt. Im **Museo del Garda e del Baldo** in der Burg wird unter anderem jener unglaubliche Transport von sechs Galeeren, zwei Galeonen und 26 Barken von der Etsch über die Berge nach Torbole dokumentiert, der den Venezianern 1439 gelungen war und der ihnen letztlich die Herrschaft über den See brachte (April–Okt. 9.30–19.00, im Winter 10.30–16.30 Uhr).

Erleben
Eine **Seilbahnfahrt** von Malcesine auf knapp 1800 m Höhe des **Monte-Baldo**-Massivs.

Veranstaltungen
Im Sommer lohnen im wunderbaren Ambiente der Burg, im Teatro del Castello, die meist klassischen **Konzerte** (www.malcesinepiu.it).

Aktivitäten/Einkaufen
Malcesine ist ein Zentrum des **Kitens**, aber auch fortgeschrittene **Surfer**, **Yacht**- und **Catsegler** kommen bestens auf ihre Kosten. Für Anfänger sind die Windverhältnisse in der Bucht von Val di Sogno geradezu ideal (Material, Kurse und Mountainbike-Miete sowie Touren: Stickl Sportcamp, Tel. 045/740 16 97, www.stickl.com). **Tennis** spielen kann man vielerorts, aber selten gegen Ex-Weltranglistenspieler für nur 40 Euro pro Stunde, inklusive Platzmiete. Der deutsch sprechende ehemalige Tennisprofi Piero Battistoni ist auf den Plätzen des Tennishotels Laura Christina zu finden, bietet aber auch für Nicht-Hotelgäste Privatstunden an (Tel. 0345/ 465 61 60). Fürs freie Spiel ideal: Centro Tennis Cassone mit vier Rotsandplätzen in Traumlage über dem See (Tel. 045/6584136). Auf dem Monte Baldo kann man im Winter sogar **Skifahren**. **Markttag** ist der Samstag, immer von 8.00 bis 13.00 Uhr.

Restaurants
Klasse Pizza vom Holzofen und eine Terrasse direkt am Wasser mit Blick auf Malcesines

Cantautore: Straßenmusiker in Malcesine

Burg: €€ **Ristorante Lido Paina** (Tel. 045/ 7400587). Nach dem Mahl kann man sich einen Liegestuhl am Privatstrand mieten. Wer es gehoben wünscht: Das 1-Michelin-Stern-Restaurant €€€€ **Vecchia Malcesine** lässt kaum kulinarische Wünsche offen (Via Pisort 6, Tel. 045/740 04 69).

Unterkunft
Den Hotels im Zentrum fehlt in den meisten Fällen der direkte Strandzugang. Deshalb empfiehlt sich Im Norden, in der Località Baitone, das 3-Sterne-Hotel €€ **Villa Monica**, mit Superstrand in Toplage (Via Gardesana 211, Tel. 045/ 657 01 11, Fax 045/657 01 12, www.villa monica.com).
Für Segelfans ideal: das Hotel € **Villa Orizzonte** mit seiner traumhaften Dachterrasse über der Bucht von Val di Sogno. Es gibt immer wieder Schnäppchenangebote wie sieben Übernachtungen und freies Segeln an fünf Tagen für 369 Euro (Via Gardesana 136, Tel. 045/740 02 49, www.villa-orizzonte.com).

Information
Tourismusverband, Via Capitanato 6, 37018 Malcesine, Tel. 045/74 00 8 37, www.malcesinepiu.it

02 BRENZONE

Brenzone ist keine einzelne Ortschaft, sondern eine Gemeinde mit rund 2500 Einwohnern, die sich aus den Dörfern Assenza, Boccino, Borago, Campo, Castelletto, Castello, Magugnano, Marniga, Porto, Zignago sowie sechs weiteren Dörfern, stets versehen mit dem Zusatz „di Brenzone", zusammensetzt. Jedes dieser Dörfer, ob am See oder am Hang gelegen, ist ruhig, beschaulich und längst nicht so überlaufen wie viele andere Orte am See.

> **Tipp**
>
> #### Über allen Gipfeln ist Ruh'
>
> Wer den Mut hat, mal einen **Paragliding-Tandemflug** vom 01 **Monte Baldo** zu wagen, oder auch selbst fliegen kann und möchte, der wird die einzigartigen Blicke und die im Wortsinn grenzenlose Freiheit über dem See genießen. Abflug ist auf 1800 m Höhe, jeder zwischen 12 und 80 Jahren und zwischen 40 und 110 kg kann ohne Vorbereitung mitfliegen.
>
> www.tandemparagliding.eu

Sehenswert/Museum
Von den vielen Gemeindekirchen sticht das mittelalterliche Gotteshaus **San Zeno** in Castelletto hervor. Obgleich es sich heute in romanischem Gewand zeigt, stammt es aus dem 11. Jh. Die ungewöhnliche Struktur erklärt sich durch die verschiedenen Bauabschnitte. Die idyllischen **Häfen** von Brenzone sind allesamt ein paar Minuten für einen Cappuccino wert: besonders **Porto**, aber auch **Magugnano** und **Castelletto**. Recht hübsch gemacht und informativ ist das **Museo Etnografico** im Geburtshaus der seligen Domenica Mantovani im historischen Zentrum von Castelletto. Darin ist auch eine typische Wohnung mit Arbeitsgeräten vom Ende des 19. Jh. nachgestellt (Tel. 045/ 659 81 11, Juli–Aug. 9.00–12.00 Uhr).

Aktivitäten
Ohne Führerschein können **Motorboote** bis 40 PS gemietet werden. Nach einer Einweisung sind sie leicht zu fahren und machen riesig Spaß! Ab 40 Euro pro Std. bzw. ab 170 Euro pro Tag für 4 bis 6 Personen (Tre di Cuori, Porto di

Infos

Torri del Benaco: Im Baia dei Pini wohnt man eigenwillig-mondän, mit Pool und direkt am Strand.

Castelletto, Tel. 045/7430805, www.nauticuore.com). **Kiten** ist auch auf Höhe von Brenzone noch sehr gut möglich; Material und Kurse bei Acquafresca in Assenza (Tel. 045/7420575, www.circoloacquafresca.it). Für **Mountainbiker** eine echte Herausforderung: von Assenza über Zignago nach Prada Alta und abwärts zurück zum See nach Castelletto. Geführte **Wanderungen** am Monte Baldo werden April-Okt. jeden Di. ab 9.30 Uhr angeboten. Treffpunkt ist vor dem Supermarkt Conad in Magugnano direkt an der Gardesana. Schwierigkeitsgrad: mittel. Dauer: 4–6 Std. Geeignete Kleidung, Wanderschuhe, Brotzeit und vor allem Getränke sind mitzubringen.

Einkaufen

Markttag in Castelletto ist der Dienstag, jeweils von 8.00 bis 13.00 Uhr.

Restaurants

Das €€ **Belvedere** in Marniga ist eine große Ausnahme unter viel Durchschnittlichem unten am Ufer. Der Familienbetrieb bietet regionale Spezialitäten wie Kaninchen, hausgemachte Nudeln, Holzofenpizza (Tel. 045/7420055). Für viele schlicht das beste Fischrestaurant am See: €€€€ **Al Pescatore**, direkt am Hafen von Castelletto. Es gibt keine Karte und jeder Gang ist eine Überraschung (Tel. 045/7430702, Pauschalpreis pro Person inkl. Wein, Wasser, Grappa, Kaffee: 50 €;).

Unterkunft

Seit 1911 existiert das gemütliche €€ **Hotel Brenzone** der Familie Brighenti-Veronesi, die sich herzlich um die Gäste kümmert. Direkt an der Uferpromenade, mit gutem Fischrestaurant. Am schönsten sind die Zimmer Turchese und Cobalto (Via XX. Settembre 26, Magugnano, Tel. 045/7420388, www.hotelbrenzone.com). Direkt am Strand liegt, zwischen Marniga und Castelletto, das einfache, aber gute Hotel €€ **Santa Maria**. Vorsicht nur bei der angeschlossenen Surfschule: schlechtes Material und unfreundlicher Service (Via Benaco 14, Tel. 045/7420555, www.bertoncellihotels.it).

Information

Tourismusverband, Via Zanardelli 38, 37010 Porto di Brenzone, Tel. 045/7420076, www.brenzone.it

03 TORRI DEL BENACO

Der Ort trägt die alte Bezeichnung des Gardasees – Lacus Benacus – im Ortsnamen.

Sehenswert/Museum

Wer Torri entdecken will, läuft vom schönen Hafen die Via Dante Alighieri hinunter, kehrt am Kirchplatz um und nimmt rückwärts die Lungolago Barbarani. Der Hauptaugenmerk liegt aber auf der anderen Seite des Hafens: Das **Castello Scaligero** wurde 1383 erbaut. 1760 kam die sehr schöne Limonaia dazu. Vom oberen Befestigungsgang hat man einen tollen Panoramablick auf den Hafen, der fast ausschließlich von Ruderkähnen belegt ist, das historische Zentrum und den See. Das **Heimatkundemuseum** in der Burg ist spannender, als es klingt. Die interessantesten Säle sind die zur Olivenverarbeitung, das einzige Museum für Binnenfischerei in Italien und der Saal der Alteingesessenen mit dem Statut der Fischereirechte aus dem Jahr 1452, das noch heute rechtskräftig ist (Kernöffnungszeiten 9.30–12.30 und 16.30–18.00 Uhr).

Erleben/Aktivitäten

Eine Fahrt auf der **Autofähre** zwischen Torri del Benaco und Maderno, die tgl. mindestens stündlich verkehrt. Im Juli und August bietet das **Open-Air-Kino** im kleinen Kastell-Park abends eine stimmungsvolle Abwechslung (www.torridelbenaco.de). Für eine **Mountainbiketour** über Albisano nach San Zeno di Montagna auf rund 500 m Höhe, mit traumhaften Aussichten auf den Lago, braucht man schon ordentlich Kondition.

Einkaufen

Markttag ist der Montag (8.00–13.00 Uhr). Am Abend steht im Sommer zusätzlich ein **Antiquitätenmarkt** auf dem Programm.

Restaurants

Am Ponton des €€€ **Ristorante del Porto** kann man sogar mit dem Boot andocken und zum Lunch oder Dinner auf den Planken speisen. Gehobene, gute Küche am Lungolago (Tel. 045/7225051). Ortsauswärts geht's am Lungolago aber auch bodenständiger zu: in der €€ **Osteria del 4**. Auch wenn die vier Gastronomen nicht mehr aus Schüsseln und vom Blech servieren wie im früheren Domizil in Albisano, schmeckt's immer noch prächtig, v.a. die hausgemachten Bigoli mit Ragu von der Salsiccia (Tel. 045/6296432).

Unterkunft

Das €€€ **Baia dei Pini** liegt direkt am Strand, ist modern und im etwas eigenwilligen Stil von Hausherrin Silvia ausgestattet. 3 Sterne, die sich wie 4 anfühlen (Via Gardesana 115, Tel. 045/7225215, Fax 045/7225595, www.baiadeipini.com).

Umgebung

Der Weg hoch nach **Albisano** lohnt. Vor der Dorfkirche San Martino tut sich auf gut 300 m Höhe, am sogenannten Balcone del Garda, der Untersee in seiner ganzen Breite auf. Einer der schönsten Aussichtsplätze am See.

Information

Tourismusverband, Viale Fratelli Lavanda 22, 37010 Torri del Benaco, Tel. 045/7225120, www.torridelbenaco.de

04 – 05 GARDA UND UMGEBUNG

Dominiert wird 04 **Garda** von seinem weitläufigen Lungolago. Dahinter schmiegen sich mittelalterliche Häuschen entlang kleiner Gassen und stimmungsvoller Bögen. Außerhalb der 3800-Einwohner-Gemeinde protzt so manche herrschaftliche Villa.

Lago di Garda Ost
80–81

DuMont Aktiv

Sehenswert
Die alten Häuser mit Vorderfassaden im venezianischen Stil sind typisch für den Namensgeber des Gardasees. Herausragend ist der **Palazzo dei Capitani** aus dem 15. Jh. Ebenfalls am Lungolago lohnt auch das alte Zollhaus, **l'antica Dogana**, ehe man im Ortszentrum zum **Palazzo Fregoso** und zum **Torre dell'Orologio** geht. Außerhalb des Ortskerns liefern sich die **Villa Albertini** mit prächtiger Parkanlage, und die **Villa Canossa**, die nur vom Wasser aus einsehbar ist, einen inoffiziellen Wettstreit um die schönste Privatvilla in Garda.

Veranstaltungen
Sardellata al Chiar di Luna, das Schlemmer-Volksfest rund um die Gardasee-Sardine im Mondschein (www.lagodigarda-e.it).

Aktivitäten
Der Ort eignet sich gut als Ausgangspunkt für **Segeltörns** (Gruppo Vela am Lungolago, Tel. 045/7256377). **Motorboote** ohne Führerscheinpflicht vermietet Laura Simonelli direkt am Hafen (Tel. 0328/5769247).

Einkaufen
Markttag ist der Freitag, jeweils von 8.00 bis 13.00 Uhr.

Restaurant
„Die Speisekarte bin ich", sagt Küchenchef und Hausherr Luca von der €€€ **Trattoria Al Graspo**. Es gibt zwar keine Karte, aber immer viel und guten Fisch (Piazzetta Calderini 12, Tel. 045/7256046).

Unterkunft
Die Lage ist traumhaft, Pool und Park sind klasse, nur die Zimmer sind nicht auf 4-Sterne-Niveau, und der Service ist manchmal schludrig. Da spürt man, dass eine – wenn auch privat geführte – Kette das €€€ **Hotel du Parc** betreibt (Viale San Carlo 1, Tel. 045/7255343, Fax 045/7255642, www.chincherini.com).

Umgebung
Die Landspitze **05 Punta San Vigilio** hat Poeten und Künstler inspiriert, Adlige und Prominente gelockt und ist heute eines der beliebtesten Ausflugsziele am Gardasee. Perfekt in die mediterrane Vegetation integriert ist die Villa Guarienti, während die kleine Kirche San Vigilio direkt aus dem See zu wachsen scheint. Gut für einen Macchiato; Restaurant und Hotel sind jedoch für die gebotene Leistung überteuert.

Information
*Tourismusverband,
Lungolago Regina Adelaide 3, 37016 Garda,
Tel. 045/7255279, www.lagodigarda-e.it*

Zuerst kommt der Spaß!

Lee oder Luv? Backbord oder Steuerbord? Die Terminologie ist halb so schlimm, wenn man das Segeln bei Heinz Stickl, Ex-Europa- und Weltmeister im Segeln und Surfen, in nur fünf Tagen lernt. Er sagt: „Segeln muss Spaß machen. Begriffe lernen kann man später."

Nach nur 20 Minuten am Flipchart und grundlegenden Erklärungen geht's aufs Boot – nicht auf eine kleine Jolle, sondern auf ein Sechs-Meter-Kielboot, Typ Dyas, „das sich toll segeln lässt", sagt Heinz. Schwupps hat man die Pinne in der Hand und das Ding fährt los. Wie oft hat man sehnsüchtig auf den See geschaut, wenn die Segelboote majestätisch dahinglitten, und gedacht: Segeln lernen ist zu aufwendig. Falsch: Nach fünf Minuten auf dem See klappt die erste Wende. Und noch eine und noch eine ... „Jetzt fahren wir mal zick-zack", schafft Heinz an, „da lernst du schnelle Richtungswechsel." Heimwärts segeln wir im Schmetterlingstil. Beide Segel geben dem Wind volle Angriffsfläche und der bläst uns zurück zur Basis. Nicht schlecht für den ersten Tag.

Mit wenden, wenden und nochmals wenden geht's am nächsten Tag weiter. Von der Theorie oder dem Grundschein wird nicht gesprochen. „Erst musst du segeln lernen und das Gefühl dafür bekommen. Der Kopf packt den Theoriekram später ganz einfach." Heinz Stickl geht da neue Wege. Seine Methode funktioniert – schon macht der Schüler seine erste Halse, das Wenden vor dem Wind. Wieder was gelernt. Es folgen alle nötigen Manöver und das zentimetergenaue Anlegen an einer Boje. Dass das „Aufschießer" heißt, registriert man in den Theoriestunden am Tag vor der Prüfung wie nebenbei. Es ist ja nur der Begriff, etwas, das man – praktisch – schon kann.

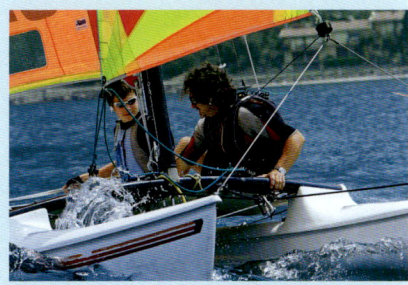

Erst mal die Praxis, dann die Theorie.

WEITERE INFORMATIONEN

Der **Segelgrundscheinkurs** für absolute Neulinge besteht aus fünfmal drei Stunden, theoretischer und praktischer Prüfung und führt bei Erfolg zum anerkannten Zertifikat.
Preis: 250 Euro. Wer den Grundschein schon hat, kann im Stickl Sportcamp als einziger Segelschule am See auch die **Sportbootführerschein-Ausbildung** mit Prüfung am Gardasee ablegen.

Via Gardesana 136, Val di Sogno di Malcesine, Tel. 0457/401697,
www.stickl.com

Lago di Garda Süd

Der alte See und das Meer

Kein Ort. Nirgends. Die Segel hängen schlaff im Sommerdunst. Am dickbauchigen Untersee ist bei typischem Gardasee-Wetter manchmal kein Dorf am Ufer zu sehen. Dabei reiht sich in Halbkreisform ein Touristenort an den anderen, von Bardolino über Lazise, Peschiera, Sirmione, Desenzano bis San Felice del Benaco. Kein gutes Wetter für unseren Segeltörn auf dem letzten Vollholzboot am Gardasee, aber wir genießen die Ruhe: „Heute wär's gut zum Wasserskifahren", unterbricht Aldo Valente die Stille. Er muss es wissen. Unser Kapitän wurde in Bardolino geboren, und er kennt den See wie kaum ein anderer.

Sirmione: Blick von der Skaligerburg zur – auf einer Insel gelegenen, nur durch eine kleine Brücke mit der Landzunge verbundenen – Neustadt.

Gehört zu den Top-Favoriten, wenn es um das beste Eis am Gardasee geht: die Gelateria Cristallo in Bardolino.

Wenn es Nacht wird in Bardolino: herrscht Trubel in den Gassen der Altstadt. Das Pflaster ist noch warm von der Hitze des Tages, doch vom See her weht ein frisches Lüftchen, die Boote schaukeln leise am Kai, und ganz oben am Himmel da leuchten, bald jedenfalls und ganz bestimmt: die Sterne.

Das Weingut Zeni, zu dem auch ein Weinmuseum gehört und wo die edlen Tropfen teils noch in jahrhundertealten Eichenfässern reifen, liegt gleich oberhalb von Bardolino.

Lago di Garda Süd
84–85

Angebaut werden regionale Klassiker: Bardolino, Soave, Custoza, Valpolicella, Amarone, Recioto.

Special WELLNESS AUF DEM WASSERBETT

Wie Gott in Bardolino

Hier sind Sie in guten Händen: Zum Schluss gibt's eine Massage mit Weintraubenkernöl.

Fulvio, ein italienischer Schönling, sagt *buon viaggio* und lässt im Thermenbereich des Hotels Caesius in Bardolino das Wasserbett volllaufen. Die Prozedur beginnt zunächst mit einem Olivenölpeeling, gefolgt von einer Packung aus dem Fruchtfleisch der Bardolino-Traube.

Der Körper wird bis auf den Kopf komplett von einem Wasserbett umhüllt. Die Wellness-Reise beginnt bei 36,8 Grad, also bei Körpertemperatur, wird aber bald auf etwa 47 Grad erhöht. Den Abschluss des speziellen Bardolino-Traube- und Olivenöl-Treatments macht dann eine Massage mit Weintraubenkernöl. Da zeigt Fulvio, dass er nicht nur hübsch, sondern auch mit kräftigen Händen ausgestattet ist. Nach insgesamt rund 100 Minuten fühlt man sich wie ein junger Gott in Bardolino. Ein gutes Gefühl für 142 Euro …

www.hotelcaesiusterme.de

Die Ora macht Pause. Der See ist glatt wie ein Babypopo. Und die „San Nicolò" tümpelt irgendwo mitten im See. Nichts ist zu sehen im Dunst. Zeit für Erinnerungen. „1965 war ich der erste am See, der den Urlaubern Wasserski anbot", erzählt unser Kapitän. Aldo ist heute 66 Jahre alt, am See aufgewachsen, und er hat ihn nur einmal länger verlassen. Als Gastarbeiter musste er sich das Geld für sein Motorboot in der Schweiz verdienen. Er liebt den See. Er lebt den See. Und er kennt den See: „Er heizt sich auf, es wird von Tag zu Tag dunstiger, bis binnen 14 Tagen ein Gewitter alles reinwäscht." So einfach kann Wetter sein. „Aber die Wellen bei Sturm, die sind schrecklich", fährt Aldo fort. „Es kommen zehn, zwölf Stück, dann eine mit drei Metern Höhe, und dann ist der Lago wie ein Meer."

DIE LIEBLINGSPLÄTZE DER GARDASEEBESUCHER

Am Gardasee enttäuscht kaum ein Örtchen, vom schon industriell geprägten Südwesten zwischen Salò und Desenzano einmal abgesehen. Jedes Seedorf zeigt sich verwinkelt romantisch, und obwohl der Gardasee zu den beliebtesten Ferienregionen Norditaliens zählt, findet man um den See herum kaum Bettenburgen, die die Landschaft verschandeln. Fischerorte wurden einfach

Sirmiones Skaligerburg wurde im 13. Jahrhundert teils aus Natursteinen, teils aus Ziegeln errichtet, um die ihr vorgelagerte Altstadt zu schützen.

Bier, Eis, Espresso: In Sirmiones „Caffè Grande Italia" gibt es das alles – und mehr. Beliebt ist auch Aperol-Spritz, ein erfrischendes Mixgetränk aus Aperol (wahlweise auch Campari) und Weißwein (vorzugsweise Prosecco). Schmeckt und prickelt, macht in der Sommerhitze aber auch „lull und lall" ...

Die „Grotten des Catull": nix Grotten, nix Catull – aber die Ruinen einer römischen Villa.

Abends wandeln sich Sirmiones öffentliche Plätze zu Freilufttheatern des Lebens: Im Schatten der mächtigen Burg lässt es sich prächtig speisen, trinken, reden, flirten ...

zu Ferienorten. Jeder Gardasee-Liebhaber hat auch einen Lieblingsplatz. Einige der Gäste an Bord sagen: „Sirmione" – mit dieser wunderbaren Wasserburg, den engen Gassen, den Grotten des Catull, welche die Römer schon vor gut 2000 Jahren zur „Wellness" nutzten, und dem Park der noblen „Villa Cortine". Die meisten aber votieren für die Punta San Vigilio bei Garda.

MIT DER STRASSE KAM DER TOD FÜR DIE MEISTEN SCHIFFE

Als ob es der Wettergott gehört hätte, kommt Land in Sicht. Zypressen, das ans Wasser gebaute Kirchlein, die „Locanda" mit ihren roten, runden Markisen und schließlich der kleine Porto.

„Ecco la Punta San Vigilio", gibt sich Aldo großzügig. Aufregende Riva-Boote, bei denen man das Mahagoni förmlich riechen kann, haben angelegt. Die grau melierten Besitzer samt begleitender Bikinischönheiten genießen ihren Auftritt voll praller Lebenslust.

„Mit der Straße kam der Tod für die meisten Schiffe", sagt Aldo wehmütig beim Blick auf den kleinen Hafen. Viele Fischer von einst sind heute Millionäre und machen im Winter Urlaub in Thailand. Die meisten „Gardaseeforellen" kommen aus den Bächen und Zuchten des Trentino. Und die Holzkähne in den kleinen Häfen gehören Hobbyfischern. Nur etwa 20 Familien am Gardasee leben noch vom Fischfang und versuchen auch mal, den fast ausgestorbenen *Carpione* (*Salmo carpio* ist der lateinische Name für die Gardaseeforelle) zu erwischen, der in 200 Metern Tiefe ausschließlich Plankton frisst.

„FITZCARRALDO" AM SEE?

Die „MS Italia" schaufelt in voller Fahrt an der „San Nicolò" vorbei. Der Schaufelraddampfer ist eine Zierde für den See, 1908 gebaut, 50 Meter lang. Seit 1975 treibt ein neuer Dieselmotor die Schaufelräder an, mit 750 PS. Schiffe, das ist Aldos Welt. Auch seine „San Nicolò" ist eine Zierde: das letzte Vollholzboot auf dem Gardasee, das dem Schutzheiligen von Bardolino gewidmet ist und dort 1926 zunächst als Handelsschiff gebaut wurde. Der Fahrplan richtete sich nach den Waren wie nach den Winden.

„Wir hatten hier am Gardasee einen der unglaublichsten Schiffstransporte aller Zeiten", hebt il Capitano nun an. Im Jahr 1437 lagen die Venezianer mit den Visconti von Mailand im Krieg. Die Mailänder hielten die Wasserwege zum Gardasee besetzt. Aber die Venezianer überraschten ihren Gegner, indem sie ihre Schiffe vom Norden über das Gebirge zum See brachten. Die Boote von der Adria zogen 2000 Ochsen über die Etsch bis Mori und dann durch die Wildnis der Berge hinunter nach Torbole: sechs Galeeren, zwei Galeonen und 26 Barken. Das erinnert an Werner Herzogs Film Fitzcarraldo. Einige Schiffe wurden zwar versenkt, doch die Ent-

Viele Fischer von einst sind heute Millionäre und machen im Winter Urlaub in Thailand.

scheidungsschlacht ging an Venedig. Die Dogenstadt hatte das Unmögliche möglich gemacht und ohne direkten Wasserzugang zum See die Herrschaft über den Gardasee gewonnen.

VENEDIG OHNE GONDELN

Die Venezianer haben dem Lago einiges hinterlassen. Von der „San Nicolò" sieht

„Rivoltella" heißt einer der schönen Strände von Desenzano: Ruderer erinnern dort an die alte Tradition der Serenissima.

An manchen Orten wird der See zu Tode geliebt. Kein Zentimeter bleibt ohne Handtuch, Liegestuhl, Sonnenschirm.

Von Manerba del Garda, mit seinen langen Stränden auch ein beliebtes Familienurlaubsziel, hat man an klaren Tagen einen Blick bis ans nördliche Ende des Sees.

Lago di Garda Süd

Am Alten Hafen von Desenzano, der größten Stadt am Gardasee, sind noch schöne Renaissancepaläste und einige mittelalterliche Häuser erhalten.

Lonato: Rund 60 Meter hoch ist die Kuppel des Johannes dem Täufer geweihten Doms, der zu den sakralen Hauptwerken des venezianischen Barocks zählt.

man Garda, wo der Palazzo dei Capitani ein Musterbeispiel venezianischer Architektur abgibt. Vor Lazise liegen auf dem Grund des Sees noch heute zwei venezianische Schiffe, die erst im Jahr 1959 von Tauchern entdeckt wurden. Ganz Peschiera wirkt wie Venedig in Miniaturform, nur ohne Gondeln. Und Desenzano, heute die größte Stadt am See, hatte unter venezianischer Herrschaft seine Blütezeit.

HOCHSAISON AM STRAND

Inzwischen ist der Ausgangs- und Endpunkt des Törns erreicht: Bardolino, wo der See in südlicher Richtung ein anderes Gesicht zeigt. Der Süden ist flach und im Hochsommer häufig voll. Die schönen Städtchen sind überlaufen, die zahllosen, riesigen Campingplätze bersten zuweilen und dominieren zusammen mit diversen Vergnügungsparks das Ufer. Wie auch westlich von Sirmione, wo Moniga, Manerba oder San Felice mit ihren Kiesstränden und einem *Campeggio* neben dem anderen ebenfalls Camperfamilien und Badegäste anziehen, die eine Woche lang oder 14 Tage grillen, baden und wieder grillen. Dort wird der See zu Tode geliebt. Kein Zentimeter bleibt ohne Handtuch, Liegestuhl oder Sonnenschirm.

DER SEEBÄR UND DIE LIEBE

Während Aldo die Segel zusammenrollt, zeigt er auf die Piazza Catullo: „Eines will ich euch noch erzählen: Dort habe ich meine Frau kennengelernt. Ich war damals Fünfzehn, vier Jahre später haben wir geheiratet."

Sie ist eine Dänin und kam jedes Jahr mit den Eltern zum Urlaub machen nach Bardolino. Und er, ja, er ging sehr gerne mit den blonden Touristinnen aus damals, „obgleich ich als junger Bursche ja nicht einmal einen Motorroller zum Angeben hatte".

Aldo, der Seebär, schmunzelt, blinzelt ins immer noch diesige Licht und sagt: „Heute wär's wirklich besser zum Wasserskifahren gewesen."

ISOLA DEL GARDA

Bei der Contessa mit Tattoo

Für die Isola del Garda galt jahrelang: Betreten verboten! Aber auch am Adel geht die Wirtschaftskrise nicht spurlos vorbei, also ebnete die Besitzerfamilie den Weg auf ihre Insel und öffnete die Schlosstüren. Was zu sehen ist: der Gardasee in seiner schönsten Form, ein Paradies aus Blumen, Architektur und – viel Ruhe ...

Inseljuwel im Gardasee: Dicht vor der Spitze der Landzunge San Fermo steigt die Isola di Garda aus den Fluten. Rechte Seite: die Villa der Grafen Borghese-Cavazza.

Sie steht am kleinen Hafen der Insel, trägt ein rosa Top mit sechs Knöpfen, passende Dessous, einen Jeansrock und weiße Flip-Flops. Eine Contessa stellt man sich anders vor. Die roten Haare könnten gehen. Aber der kleine Delfin auf der linken Schulter? Eine Contessa mit Tattoo? Prompt sagt sie: „Bitte nennen Sie mich nicht Contessa! Ich heiße Alberta und werde Sie über die Isola del Garda führen." Kurze Pause: „Ich bin eine der acht Besitzer dieser Insel – zusammen mit meiner Mutter und meinen sechs Geschwistern."

Für Gardaseefans verströmte die Isola vor der Bucht von Salò schon immer einen Zauber und hatte das Flair des Verbotenen: Der Familienbesitz wurde von Hunden bewacht, über deren Lust am Vertreiben ungebetener Gäste schaurige Geschichten existieren. Nur wer jemanden kannte, hatte eine Chance, bei den Cavazzas willkommen geheißen zu werden. Da kennt einer in Salò einen, der in Gardone wohnt und einen kennt, der enge Beziehungen hat ... Meist wurde nichts daraus: Die Isola del Garda war für Touristen uneinnehmbar.

ZAUBERHAFTER CHARME
Die Isola del Garda liegt vor der Bucht von Salò im Südwesten des Gardasees. Zypressen, stufenförmig angelegt, geben der Insel die Silhouette von Zinnen, Zacken und Spitzen. In der Mitte, nur von Süden einsehbar, dominiert das gräfliche Schloss, zu dem

Zur Villa der Grafen Borghese-Cavazza gehören herrliche Parkanlagen.

Alberta bescheiden „Villa" sagt: ein Palazzo in neugotisch-venezianischem Stil. Die Treppen, Terrassen und Gärten fallen bis zum See hinab. Umgeben ist der 1903 fertiggestellte Bau von üppiger Vegetation: von einheimischen und exotischen Pflanzen, Sträuchern und Blumen, von einem Wald aus Kiefern und Zypressen, Akazien und Zitronenbäumen, Magnolien und Agaven. Besonders morgens, wenn die Vögel zwitschern und der See sich noch nicht in seinen typischen Dunst verkrochen hat, lüftet die Insel ihren zauberhaften Charme.

ROM, DIE LIEBE UND DIE ISOLA

Albertas Brüder sind vom Festland gekommen. Auch sie sehen nicht wie Grafen aus: Sie kommen mit einem kleinen, bunt bemalten Fischerboot, tragen Shorts und T-Shirt. Die Mutter hat zum Lunch gerufen. Alberta lässt sich die Pasta warm stellen. So bleibt Zeit für unsere Fragen: Wie lebt es sich so abgeschieden? Hat man da Freunde? Durfte früher auch Besuch kommen: Schulfreunde oder Klassenkameraden? Alberta holt tief Luft, ist nicht sehr routiniert als Führerin. Aber vielleicht wirkt sie deshalb so glaubwürdig: „Zwei Tage in Mailand und ich bin fertig", sagt sie. Der Lärm, der Gestank, die Enge in der Stadt – das ist sie nicht gewohnt: „Am dritten Tag muss ich wieder auf der Insel sein!" Freunde habe man, aber man treffe sich nicht so oft. Es wäre anders, wenn man Tür an Tür wohnen würde. Und „als Inselkinder waren wir immer sehr scheu, haben uns wenig getraut drüben auf dem Festland". Beim Thema Liebe lenkt sie auf ihre Mutter ab. Charlotte Chetwynd Talbot, eine Engländerin, hatte sich in Rom verliebt, ohne zu wissen, wer der knackige Ragazzo war. Sie wusste nur, er heißt Camillo Cavazza. Zu dieser Zeit war er der einzige Besitzer der Isola del Garda.

EINE CONTESSA MIT PRINZIPIEN

Die ersten Besucher der Insel hatten noch kein Dach über dem Kopf. Der heilige Franziskus von Assisi errichtete 1221 eine Einsiedelei, in der fünf Mönche ein kontemplatives Leben in absoluter Armut führten. Ein Jahrhundert später soll Dante Alighieri hier gewesen sein. Das Entkorken einer Flasche Chiaretto – der klassische Rosé in der Gegend um Moniga – unterbricht den historischen Abriss. „Salute!", sagt sie, lächelt und nimmt einen Schluck des kühlen Weins. Ob auf der Insel vielleicht einmal ein Hotel oder Restaurant entstehen wird? „Niemals!" Die Begründung steht in ihrem Gesicht geschrieben: Wir dulden Besucher für zwei Stunden, aber keine Gäste für zwei Tage. Doch, die Contessa mit Delfin-Tattoo hat ihre Prinzipien.

NUR NACH ANMELDUNG

Von sieben Ortschaften fahren Boote zur Insel. Geöffnet: 1. März bis 1. Oktober. Preis: 25 Euro, inklusive Überfahrt (ab Bardolino und Garda 30 Euro). Jeder Besuch muss angemeldet werden: Tel. 328/38 49 22 6, www.isoladelgarda.com

Lago di Garda Süd
92–93

Infos

Lago di Garda Süd

Am dicken Bauch des Sees

Wenn es am Gardasee ein touristisches Einerlei gibt, dann auf den zahllosen Campingplätzen und Stränden im Süden. Da wirken die alten Dörfer zwischendurch wie Orte der Glückseligkeit.

01 BARDOLINO

International gesehen ist Bardolino (6500 Einw.) vielleicht der bekannteste Ort am Gardasee, was auch an seinem süffigen Wein liegt.

Sehenswert/Museum
Die **Altstadt** rund um die Piazza Matteotti ist vergleichsweise weitläufig, wie auch die Uferpromenade **Lungolago Lenotti**. Teile der romanischen Kirche **San Nicolò e San Severo** am Matteotti-Platz stammen aus dem 9. Jh. Im südlichen Ortsteil Cisano lädt das **Museo dell'Olio** auf einen Besuch ein. Dort erfährt man alles zum Thema Olivenöl und kann auch die eine oder andere Flasche lokalen Öls erwerben (Via Peschiera 54, Mo.–Sa. 9.00 bis 12.30 und 14.30–19.00 Uhr, www.museum.it).

Erleben/Nightlife
Ein **Segeltörn** auf der San Nicolò, dem letzten Vollholzbott auf dem Gardasee, ab und bis Bardolino Hafen, 4 Std. für 28 Euro, inkl. Wein, Softdrinks und Wasser (bei Europlan, Tel. 045/6209444, www.europlan.it).
Viele **Nachtclubs** haben bis nach Mitternacht geöffnet. Superstimmung herrscht Fr. bis So. jeweils bis 4.00 Uhr im Primo Life-Club (Via Marconi 14, Tel. 045/6210177). Aber Vorsicht: An jedem Wochenende wird von der Polizei streng kontrolliert ...

Traubenlese im Weingut Zeni, bei Bardolino

Veranstaltungen
Seit 1929 feiert Bardolino seine **Weinfeste**. Es gibt Konzerte, Ausstellungen, Informations-, Wein- und Verköstigungsstände. Den Abschluss bildet ein großes Feuerwerk auf dem See (www.ababardolino.it). Nicht verpassen sollte man auch eine **Regatta delle Bisse**, die typisch für den südlichen Gardasee ist und immer wieder in Bardolino stattfindet. Gerudert wird im Stehen (www.ababardolino.it).

Aktivitäten
Im meist ruhigen Wasser des Südens sind **Kanutouren** gut geeignet, um sich fit zu halten (La Rocca Camp, San Pietro di Bardolino, Tel. 045/7211111).

Einkaufen
Landeinwärts liegen inmitten der Weinberge und Olivenhaine einige Weingüter. Seit 1870 produziert zum Beispiel die Weinkellerei **Zeni** feine Tropfen, aber auch Alltagsweine, die nur ab Hof verkauft oder in ausgewählten Restaurants getrunken werden können. Daran angeschlossen ist ein **Museo del Vino** (Via Costabella 9, Tel. 045/7210022, www.zeni.it). **Markttag** ist der Donnerstag, von 8.00 bis 13.00 Uhr.

Restaurant/Unterkunft
Fisch, Fleisch und eine Traumterrasse direkt am See: €€€ **Ristorante Piccolo Doge** (Via Santa Cristina 46, Tel. 045/6212393).
Mit Riesenpool und 4 weiteren Schwimmbecken, Thermalzentrum, gutem Spa und feiner Küche, ist das 4-Sterne-Hotel €€€ **Caesius Termea** die beste Adresse im Weinstädtchen (ab 140 Euro/DZ, Via Peschiera 3, Tel. 045/7219100, www.hotel-caesiusterme.com).
Für umweltbewusste Urlauber ist das nagelneue €€€ **Aqualux** eine passende Alternative. Die erste mit dem Gütesiegel „KlimaHotel" versehene Anlage am Gardasee verfügt mit 8 Pools und 7 Saunen über eines der besten Spas der Region (ab 130 Euro/DZ, Via Europa Unita 24, Tel. 045/6229999, www.aqualuxhotel.com).

Information
Tourismusverband, Via Marconi 50, 37011 Bardolino, Tel. 045/6210654, www.ababardolino.it

02 – 04 LAZISE UND UMGEBUNG

Das hübsche Kleinstädtchen 02 **Lazise** mit seinen rund 6500 Einwohnern liegt an der breitesten Stelle des Gardasees und ist fast vollständig von einer noch gut erhaltenen Stadtmauer umgeben.

> **Tipp**
>
> #### Alles vom Grill
> Ob Sommer oder Winter – gegrillt wird in der **Osteria Valesana** in 02 Lazise immer drinnen. Allein der altertümliche Grill in dem ehemaligen Gehöft lohnt schon den Besuch, die Grigliata mista mit Rind, Schwein, Huhn, Rippchen, Bauchspeck und Salsiccia aber umso mehr. Vorneweg bietet Chefin Creti Grazia hausgemachte Polenta oder Bigoli mit weißem Ragu an. Dazu gibt's Chiaretto-Hauswein. Alles zusammen kostet für zwei Personen um die 50 Euro.
>
> Valesana di Lazise, Tel. 045/7581301

Sehenswert
Drei **Stadttore**, die **Stadtmauer**, das 6-türmige **Castello Scaligero** aus dem 12. Jh. (in Privatbesitz) und das **Zollhaus** am Hafen sind die Highlights. Die **Piazza Vittorio Emanuele** gehört zu den imposantesten Dorfplätzen am Gardasee.

Aktivitäten
Motorboote ohne Führerscheinpflicht gibt's am Porto Vecchio (Tel. 349/4067366).

Einkaufen
Markttag ist der Mittwoch (8.00–13.00 Uhr).

Restaurant/Unterkunft
Die € **Trattoria Rocchetti** ist ideal für Fleischliebhaber. Alles kommt frisch vom Grill (Località Rocchetti, Tel. 045/7580496).
Wer lieber im hübschen Hinterland, fast wie in der Toskana, nächtigen will, wählt das neue €€€ **Principe di Lazise** mit schönem Spa (Localita Le Greghe, Tel. 045/6490177, www.hotelprincipedilazise.com). Das Hotel €€€ **Corte Valier** direkt am See hat sich zum Motto gemacht: „Garda, lake no other" (Via della Pergolana 9, Tel. 045/6471210, www.cortevalier.com).

Umgebung
Die Thermen von 03 **Colà** bestehen aus einem 13 Hektar großen Park, der Villa dei Cedri mit Thermalbad sowie zwei großen Thermalseen mit 37 Grad heißem Wasser. Am schönsten ist es abends: Fr., Sa. und vor Feiertagen ist von 9.00 bis 2.00 Uhr nachts geöffnet, So. bis 23.00 und sonst bis 21.00 Uhr (ab 18 Euro, Tel. 045/7590988, www.villadeicedri.it). Westlich von **Castelnuovo del Garda** beginnt das Paradies für Kinder: 04 **Gardaland**, Italiens größter Freizeitpark auf 46 Hektar Fläche mit 38 Attraktio-

Infos

nen und vier themenbezogenen Dörfern (ab 15 Euro, www.gardaland.de). 2008 dazugekommen ist Sea Life sowie separat Movieland mit dem angeschlossenen Aquapark, dem größten Wasserpark am See (www.canevaworld.it).

Information
Tourismusverband, Via Fontana 14, 37017 Lazise, Tel. 045/758 01 14, www.gardasee-info.com

05–06 PESCHIERA UND UMGEBUNG

„Eine schöne Stadt mit mächtigen Verteidigungsanlagen" sei **05 Peschiera**, schrieb schon Dante in seiner „Göttlichen Komödie", wobei man hinzufügen möchte, dass neben den Verteidigungsanlagen auch romantische Kanäle das Bild des 9000-Einwohner-Städtchens prägen.

Sehenswert
Die **Altstadt** ist von Kanälen umschlossen, die zusammen mit den Brücken ein fast venezianisches Flair verbreiten. **Porta Verona** und **Porta Brescia** markieren den Ein- und Ausgang zum Zentrum. Die fünfeckige **Festung** aus dem

Am Alten Hafen von Desenzano

16. Jh. beherrscht es und die Stadtmauer hält alles zusammen am einzigen Abfluss des Sees.

Erleben
Ein Abend am durch Laternen beleuchteten **Canale di Mezzo** ist fast kitschig romantisch.

Veranstaltungen
Die **Notte di San Lorenzo**, die Sternschnuppennacht, ist zwar jedes Jahr am 10. August in ganz Italien ein Ereignis, aber in Peschiera wird es als Volksfest mit gastronomischen Ständen und Musik gefeiert.

Einkaufen
Auf antik gemachte Steinfiguren ab 30 Euro finden sich bei **Lonardi** (Località Mandella, Tel. 045/755 11 51, www.lonardituttoperilgiardino.it). **Markttag** ist der Montag, 8.00–13.00 Uhr.

Umgebung
In **06 Valeggio sul Mincio** wurden nicht nur die Tortellini erfunden, das idyllische Städtchen verfügt auch über Wassermühlen, schnuckelige Häuschen am Fluss und eine prächtige Skaligerburg aus dem 13. Jh. im Park Sigurtà.

Information
Tourismusverband, Piazzale Betteloni 15, 37019 Peschiera, Tel. 045/755 16 73, www.peschieradelgarda.org

07 SIRMIONE

Mit 7500 Einwohnern gehört **Sirmione ▶TOPZIEL** zu den wichtigsten Gemeinden am See. Nur ein Tor führt ins Gewirr der Altstadtgassen.

Sehenswert
Die **Wasserburg** ist eine der besterhaltenen und größten je gebauten Skaliger-Anlagen aus dem 13. Jh. (März–Okt. Di.–So. 8.30–19.00, Nov. bis Feb. Di.–Sa. 8.30–16.30 Uhr). An der Spitze der Halbinsel befinden sich die Ruinen eines repräsentativen römischen Gästehauses oder einer Privatvilla. Die Bezeichnung **Grotten des Catull** verdankt der Komplex einem Chronisten der Renaissance; auf diese Zeit geht auch die (fälschliche) Annahme zurück, dabei könne es sich um einen Wohnsitz des römischen Dichters Catull gehandelt haben.

Erleben
Baden wie ein Römer kann man in den Thermen von Sirmione. Der große **Thermalpool** liegt direkt am See (ab 30 Euro, tgl. Kernöffnungszeiten 10.00–22.00 Uhr; Tel. 030/91 60 44, www.termedisirmione.com).

Aktivitäten/Einkaufen
Der nächste **Golfplatz** liegt nur gut 10 km südlich des Orts (Tel. 030/ 918 01, www.chervogolfsanvigilio.it). **Markttag** ist Freitag, 8.00 bis 13.00 Uhr in Lugana di Sirmione.

Restaurant/Unterkunft
Das €€€€ **Vecchia Lugana** gilt als eine der Feinschmeckeradressen am Gardasee und befindet sich im Weinvorort Lugana (Piazzale Vecchia Lugana 1, Tel. 030/919 01 29).
In einer Parkoase mit breitem Privatsteg über dem See gelegen, gehört das €€€€ **Villa Cortine Palace Hotel** zu den vornehmsten Häusern am Lago (Via Grotte 6, Tel. 030/990 58 90, www.hotelvillacortine.de).

Information
Tourismusverband, Viale Guglielmo Marconi 8, 25019 Sirmione, Tel. 030/91 61 14, www.vivisirmione.com

08–09 DESENZANO UND UMGEBUNG

Mit gut 26 000 Einwohnern ist **08 Desenzano** die größte Stadt am Gardasee.

Sehenswert
Der Dom **Santa Maria Maddalena** aus dem 17. Jh. steht neben dem idyllischen kleinen und dem mit weißen Segelyachten belegten großen **Hafen**, dem **Lungolago** und den Überresten

Tipp

Immer auf dem Wasser

Eine **Schiffsrundfahrt ▶TOPZIEL** entlang der wichtigsten Ortschaften am See – das wäre doch was. Die schnellste Direktverbindung von Peschiera (ab 9.50 Uhr) nach Riva dauert drei Stunden und 35 Minuten. Nach rund eineinhalbstündigem Aufenthalt geht's wieder zurück nach Peschiera, Ankunft ist dort um 19.55 Uhr. Die beiden schönsten Schiffe sind die Schaufelraddampfer **Italia** von 1908, der im Süden, und **Zanardelli** von 1903, der im Norden verkehrt.

Fahrplan unter www.navigazionelaghi.it; Autorundfahrt siehe Lago di Garda Nord der antiken **Villa Romana** aus dem 3. Jh. im Mittelpunkt des Interesses.

Erleben/Einkaufen
Am italienischen Nationalfeiertag Ferragosto, dem 15. August, findet ein Lichterspektakel statt, **la Notte d'Incanto**, bei dem ungezählte kleine, mit Kerzen geschmückte Schiffchen auf den See hinausgelassen werden. **Marktag** ist der Dienstag, jeweils von 8.00 bis 13.00 Uhr.

Umgebung
Die Festung im 5 km entfernten **09 Lonato** lohnt einen Abstecher.

Information
Tourismusverband, Via Porto Vecchio 34, Tel. 030/914 15 10, www.hotelspromotion.com

10 – 13 ZWISCHEN DESENZANO UND SALÒ

Die Orte **10 Padenghe sul Garda** (4000 Einwohner), **11 Moniga del Garda** (2000 Einwohner), **12 Manerba del Garda** (3500 Einwohner) und **13 San Felice del Benaco** (3000 Einwohner) liegen mit ihren Zentren nicht direkt am See. Zu den Gemeinden gehören jedoch zahlreiche Ortsteile mit zum Teil langen Kiesstränden. Am Ufer gibt es viele Campingplätze.

Sehenswert
Die **Burgen** von **Padenghe** und Manerba (beide bis heute bewohnt und wie ein Dorf zugänglich) sowie von Moniga sind von Weitem zu sehen. Von der Halbinsel **San Fermo** und besonders vom 218 m hohen **Rocca di Manerba** blickt man schön auf die Isola San Biago sowie in der Ferne auf die **Isola del Garda** ▶ TOPZIEL.

Erleben
Die Isola San Biagio, nahe Manerba, kann man tagsüber, je nach Wasserstand, zu Fuß erreichen. Abends finden in der Saison **Konzerte** am Strand statt (Wassertaxi von Porto Torchio).

Aktivitäten/Einkaufen
Moniga ist bekannt für seine Weinreben, aus denen der Rosé Chiaretto gemacht wird. Eine etwa 10 km lange Panoramastraße führt durch das Anbaugebiet, die sich für eine **Fahrradtour** anbietet. **Markttage** sind Montag in Moniga, Mittwoch in San Felice, Freitag in Manerba und Samstag in Padenghe, jeweils 8.00–13.00 Uhr.

Information
www.comune.manerbadelgarda.bs.it,
www.comune.padenghesulgarda.bs.it,
www.comune.sanfelicedelbenaco.bs.it,
www.gardavaltenesi.com

Lago di Garda Süd

DuMont Aktiv

Aufschlag in e-Moll

Oberhalb von Bardolino finden Anfänger, Gelegenheitsspieler und auch begeisterte Vielspieler beste Voraussetzungen – ob es nun um „mal eine Stunde zwischendurch" geht oder um ein detailliertes Wochenprogramm. Sprachprobleme gibt's keine: Der Chefcoach ist Deutscher.

Was lernt ein Tennisneuling in einem Wochenkurs? Hat der Anfänger mehr Lust oder mehr Frust? Die beste Antwort darauf: Die Konzentration macht's, sogar bei Anfängern. Tennis ist nicht nur ein Technik- und Lauf-, sondern auch ein Mentalsport. Selbst die Crème des Tenniszirkels spielt wie in der Kreisklasse, wenn die Konzentration fehlt. Nach einem langen Arbeitstag kann man schwerlich gut spielen, aber im Urlaub ist man frei im Kopf – und das ist die Chance auf ein gutes Spiel.

Thorsten Schneider ist der Herr auf den Plätzen von Arca, oberhalb von Bardolino. Er weiß um das Konzentrationsproblem und schaut sich seine Pappenheimer genau an, geht auf sie ein, korrigiert, jedoch ohne dabei den Spiel- und damit Spaßfluss zu stören. „Die Leute sind im Urlaub. Da müssen Erfolg und Spaß auf einer Stufe stehen", sagt der gebürtige Wittener. Die Gruppen teilen der 46-Jährige, der im Winter für den Braunschweiger THC in der Regionalliga aufschlägt, und seine drei Trainer nach Spielstärke mit maximal vier Personen ein. Lernen und Wiederholen des Gelernten, Verbessern der Grundstellung, der Schlägerhaltung, des exakten Treffmoments, der Endposition: Thorsten will, dass es plopp! macht. Wenn es so klingt beim Schlag, kommt der Ball auch an. Und für die Profis gilt: Der Aufschlag sollte bitteschön in e-Moll sein ...

Und? Macht es schon plopp?

AUF EINEN BLICK

Preise: Die Platzmiete kostet 12, die Einzelstunde 35, der Kinderkurs 80 und der Intensivkurs mit siebenmal 90 Minuten 220 Euro. Die sieben Sandplätze sind alle gut gepflegt.

Kontakt: Tennisschule Thorstennis, Residence Arca di Bardolino, Tel. 045/721 03 47,

www.thorstennis.com

Verona
98–99

Romeo und Julia im 21. Jahrhundert

Verona wird meist in einem Atemzug mit seiner Arena und den Opernfestspielen genannt. Noch spannender und emotionaler aber zeigt sich die Stadt auf den Spuren von Romeo und Julia. Bei einem Spaziergang mit einer der „Julias", die Jahr für Jahr rund 7000 (Liebes-)Briefe beantworten, die an Shakespeares Heldin in Verona geschickt werden, erlebt man die Stadt ganz neu.

Heiße Liebesschwüre in Verona? Wo sonst sollte man seine Liebe, mit Kugelschreiber oder Filzstift, „festhalten", als hier bei der Casa di Giulietta?

Wo alles anfing: Im Innenhof der Casa di Giulietta soll sich die tragische Liebesgeschichte von Romeo und Julia ereignet haben, und zwar „in geheimer Nacht". Daran erinnern dort heute „der" Balkon und Julias Statue, deren rechte Brust schon reichlich abgegriffen ist – sie zu berühren verspricht (Liebes-)Glück. Authentisch sind weder der Balkon noch Julias Grab, eine schlichte Steintumba in der alten Chiesa San Francesco, aber der Mythos lebt. Dafür sorgen auch jene modernen Julias, die für die Beantwortung der an „Julia, Verona" gerichteten Briefe zuständig sind. Übrigens hat sich auch unser Autor, vor keinem Selbstversuch zurückschreckend, für dieses Heft als liebeskranker Romeo ausgegeben und einen entsprechenden Brief geschrieben. Die Antwort kam 16 Tage später und enthielt einen weisen Rat, den wir an dieser Stelle unseren Lesern nicht vorenthalten wollen: „Gib nicht auf und kämpfe für deine Liebe!"

Verona

Sie holt mich ab. Im „Hotel Giulietta e Romeo", nur ein paar Schritte von der Arena di Verona entfernt, wo sich an der Piazza Bra das Wohnzimmer der Stadt auftut: mit prächtigen Villen und Marmorpalästen, dem Rathaus und einem kleinen Park, dem einzigen größeren Fleckchen Grün in der gesamten Altstadt. In Wirklichkeit heißt sie gar nicht Julia, sondern Manuela. Sie ist 44 Jahre alt und Fremdenführerin in Verona. Ihr Hobby: Julia spielen, nicht auf der Bühne, sondern im wahren Leben. Manuela gehört zu den 14 Veroneserinnen, die jene rund 7000 Briefe an Shakespeares Julia ehrenamtlich beantworten. Manchmal sind es nur wenige Zeilen, manchmal auch seitenlange Abhandlungen von Verliebten, Romantikern, einsamen Menschen. Sie alle schreiben an „Julia – Verona – Italia". An jene Julia also, die Shakespeare unsterblich in der Literaturgeschichte verankerte. Und obwohl sie keine genaue postalische Adresse hat, kommen diese Briefe seit Jahrzehnten an.

DER MYTHOS SOLL LEBEN

„Er ist für all das verantwortlich", erklärt Manuela und deutet auf eine Bronzebüste an der Portini de la Bra. William Shakespeare schrieb mit seiner vermutlich 1597 in London uraufgeführten Tragödie „Romeo und Julia" die berühmteste Liebesgeschichte der Welt. „Sie ist glaubhaft, aber sie ist nicht bewiesen", erzählt Manuela, während wir durch schicke Geschäftsgässchen in den Bauch der Stadt gehen – auf den Marktplatz, die Piazza delle Erbe mit ihrem venezianischen Löwen und dem Lambertiturm. Kurz vor dem Haus von Romeo lädt Manuela auf ein „Julia-Küsschen" ein: In der „Pasticceria de Rossi" gibt es die süße Verführung *Baci di Giulietta* aus Marzipan und Zuckerguss.

„Für die meisten sind die Briefe an Julia wie ein Tagebucheintrag", sagt sie. „Viele reflektieren selbst und erwarten gar keine Antwort. Und dennoch schreiben wir zurück. Der Mythos soll leben."

An der Piazza Bra: Die Kellner warten schon. Wie wär's mit einem Aperitif vor dem abendlichen Gang in die Arena? Dort füllen sich schon allmählich die Ränge, und bald klingen vielleicht nicht himmlische, aber doch sehr schöne Gesänge hinauf zum Himmelszelt.

„Das Amphitheater ist also das erste bedeutende Monument der alten Zeit, das ich sehe, und so gut erhalten!" (Johann Wolfgang von Goethe über die im 1. Jahrhundert n. Chr. erbaute Arena)

Wochentags findet auf der Piazza delle Erbe ein Blumen- und Gemüsemarkt statt.

Neunzig Prozent der Briefeschreiber haben Liebesprobleme, zehn Prozent verleihen ihrem Glück Ausdruck.

EINE UNSTERBLICHE LIEBE

„Das Backsteinhaus mit Turm zeigt, dass Romeos Familie mächtig und reich war", erläutert Manuela: Die Montecchis gehörten den Ghibellini an, waren Anhänger der Kaiserpartei, während Julias Familie Cappelletti zu den Guelfi gehörte, den Papstanhängern. Diese Konstellation, die eine Liebe zwischen Julia und Romeo nicht zuließ, steht auch symbolisch für den ewigen Machtkampf zwischen Klerus und Adel: Schaut man in Verona lediglich auf die Architektur, stehen die Kirchen deutlich im Schatten der weltlichen Paläste, Türme und Burgen, allen voran dem mächtigen Castelvecchio an der Etsch. Es ist ungefähr genauso alt wie die wahre Geschichte von Romeo und Julia, die sich im Jahr 1303 zugetragen haben soll.

„Neunzig Prozent der Briefeschreiber haben Liebesprobleme, zehn Prozent verleihen ihrem Glück Ausdruck. Zur Hälfte sind es junge Leute zwischen 16 und 25, aber auch 70-Jährige schreiben uns", sagt Manuela. „Es geht wirklich um alles, was irgendwie mit Liebe zu tun hat." Susan aus Schottland fragt zum Beispiel, ob romantische Liebe in einem kühlen Klima überhaupt möglich sei. Graziella aus Mailand schreibt zum Valentinstag, dass sie nun schon 50 Jahre alt sei und immer noch keinen Romeo gefunden habe. Auch ich habe einen Brief an Julia geschrieben, erzähle ich, doch da nimmt uns in der Via Cappello vor Julias Haus auch schon eine Menschentraube gefangen. Rechts und links schreiben Menschen jeden Alters und Geschlechts Liebesbotschaften an die Wände. Wir werden in den Hof gedrängt, wo Julias Statue steht und ihr Balkon zu bewundern ist.

EIN ROMEO NAMENS ETTORE

Julias Bronzestatue gibt es erst seit 1972. Die rechte Brust ist glatt poliert. Beinahe jeder Besucher grapscht sie ungeniert an: Wer das macht, sagt man, dem bleibt die Liebe ewig hold. Der Balkon ist zwar aus dem 13. Jahrhundert, wie das Cappelletti-Haus auch, nur hatte es ursprünglich gar keinen Balkon. Den hat Shakespeare erfunden, wie das meiste an der Tragödie. Aber unter Julias Balkon wird deutlich, dass alle diese Geschichte, so kitschig sie zuweilen auch vermarktet wird, einfach lieben.

Trotzdem: Verona ist keine Stadt der Liebe. Die Stadt scheint viel zu geschäftig für knutschende Pärchen und viel zu schnell für tiefe Blicke in die Augen des Geliebten. Manuela stellt im „Club de Giulietta" Giulio Tamassia vor. Der 80-Jährige ist Präsident des Clubs und erzählt von den Anfängen. Seit 1937, zwei Jahre nach dem Anbau des Julia-Balkons, gingen die ersten Briefe ein. Ein Romeo

Rund 120 Meter lang ist die Ponte Scaligero, die vom Castelvecchio zum anderen Ufer der Etsch führt und wie die meisten Skaligerbauten mit Schwalbenschwanzzinnen verziert ist. Der Name des Herrschergeschlechtes bezieht sich übrigens auf die aufsteigende Leiter (ital. *scala*) in ihrem Wappen.

Heinrich Heine erfasste „die bunte Gewalt der neuen Erscheinungen" in Verona „wie ein mächtiger Fiebertraum voll heißer Farben, scharf bestimmter Formen, gespenstischer Trompetenklänge". Ob auch der Giardino Giusti (oben, rechts) zu diesen Erscheinungen gehörte? Der im 16. Jahrhundert angelegte Renaissancegarten ist jedenfalls ein (auch im Wortsinn) kleines Paradies.

Das Hauptportal des Doms Santa Maria Matricolare schmückt ein doppelgeschossiger Baldachinvorbau – ein Spätwerk (1138) des Bildhauers Nicolò, der auch den Portikus von San Zeno schuf.

Über dem Grab des Stadtpatrons, des heiligen Zeno, wurde San Zeno Maggiore errichtet.

Special — SCALIGERI

Die verhassten Herrscher

Die Ponte Scaligero durfte nur von den Skaligern betreten werden.

Ihre Burgen kennt jeder vom Gardasee, aus Sirmione, Torri del Benaco oder Malcesine, und das Castelvecchio in Verona ist die mächtigste aller Skaligerburgen. In den Jahren 1260 bis 1387 herrschte die Adelsfamilie über die Stadt, und wie wenig sie dort geschätzt wurde, scheint ihr nicht entgangen zu sein – nicht umsonst sicherte man sich die Ponte Scaligero als Fluchtweg.

Ausgerechnet die verhassten Skaliger aber hinterließen mehr Bausubstanz in Verona als alle anderen. Von der römischen Ansiedlung im 1. Jahrhundert blieb die Arena erhalten, der venezianische Löwe begegnet einem auf Schritt und Tritt, am exponiertesten sichtbar auf der Marktsäule der Piazza delle Erbe. Die Skaliger aber schufen nicht nur das Castelvecchio und ihren Palast auf der Piazza dei Signori, sondern ließen sich noch bis über ihren Tod hinaus verherrlichen, indem sie ihre prunkvollen Sarkophage mitten in der Stadt aufstellten.

namens Ettore Solimani beantwortete sie in den Jahren vor dem Zweiten Weltkrieg. „Um 1970 gründete ich mit ein paar Veronesi einen Julia-Club, weil uns der Mythos interessierte", sagt il Presidente. „Und 15 Jahre später fragte der Kulturreferent, ob wir denn nicht die ungezählten Julia-Briefe wieder beantworten wollten wie einst Ettore." Der Kulturreferent hatte einen guten Riecher. Die Julia-Briefe wurden zur Erfolgsstory. Die Stadt bezahlt bis heute das Porto – aber auch nicht mehr – und hat dafür einen der besten touristischen Marketinggags weltweit.

ES GIBT SIE ALSO DOCH …

Auch Manuela meint: „Die Welt braucht die Liebe! Selbst wenn sie im Tod mündet." Wir stehen inzwischen vor Julias vermeintlichem Grab, etwas außerhalb des Stadtkerns, in den Katakomben der Kirche des heiligen San Francesco. Dort wurden einst Julia-Rituale abgehalten, dort fand man die ersten Nachrichten an Julia. Und dort kann man heutzutage heiraten. Es gibt sie also doch, die Liebe in der steinernen Stadt.

Was denn jetzt mit meinem Brief sei, fragt mich Manuela, den ich Julia geschrieben hätte? „Okay", antworte ich, „meine Geschichte erzähle ich beim Mittagessen – in der Osteria Giulietta e Romeo, nicht so weit von hier …"

OPERNFESTSPIELE IN VERONA

Wenn das Schönste verloren geht

Zur Festspielzeit ist die Atmosphäre in der Arena di Verona immer das eigentlich Bewegende – die Opernaufführungen sind für viele nur eine (wunderschöne) Nebensache. Doch das könnte sich ändern: Denn nun gibt es neue Regeln für die Gradinate, die unnummerierten Rangplätze der Arena di Verona.

Das Hauptportal des Doms Santa Maria Matricolare schmückt ein doppelgeschossiger Baldachinvorbau – ein Spätwerk (1138) des Bildhauers Nicolò, der auch den Portikus von San Zeno schuf.

Über dem Grab des Stadtpatrons, des heiligen Zeno, wurde San Zeno Maggiore errichtet.

Special — SCALIGERI

Die verhassten Herrscher

Die Ponte Scaligero durfte nur von den Skaligern betreten werden.

Ihre Burgen kennt jeder vom Gardasee, aus Sirmione, Torri del Benaco oder Malcesine, und das Castelvecchio in Verona ist die mächtigste aller Skaligerburgen. In den Jahren 1260 bis 1387 herrschte die Adelsfamilie über die Stadt, und wie wenig sie dort geschätzt wurde, scheint ihr nicht entgangen zu sein – nicht umsonst sicherte man sich die Ponte Scaligero als Fluchtweg.

Ausgerechnet die verhassten Skaliger aber hinterließen mehr Bausubstanz in Verona als alle anderen. Von der römischen Ansiedlung im 1. Jahrhundert blieb die Arena erhalten, der venezianische Löwe begegnet einem auf Schritt und Tritt, am exponiertesten sichtbar auf der Marktsäule der Piazza delle Erbe. Die Skaliger aber schufen nicht nur das Castelvecchio und ihren Palast auf der Piazza dei Signori, sondern ließen sich noch bis über ihren Tod hinaus verherrlichen, indem sie ihre prunkvollen Sarkophage mitten in der Stadt aufstellten.

namens Ettore Solimani beantwortete sie in den Jahren vor dem Zweiten Weltkrieg. „Um 1970 gründete ich mit ein paar Veronesi einen Julia-Club, weil uns der Mythos interessierte", sagt il Presidente. „Und 15 Jahre später fragte der Kulturreferent, ob wir denn nicht die ungezählten Julia-Briefe wieder beantworten wollten wie einst Ettore." Der Kulturreferent hatte einen guten Riecher. Die Julia-Briefe wurden zur Erfolgsstory. Die Stadt bezahlt bis heute das Porto – aber auch nicht mehr – und hat dafür einen der besten touristischen Marketinggags weltweit.

ES GIBT SIE ALSO DOCH …

Auch Manuela meint: „Die Welt braucht die Liebe! Selbst wenn sie im Tod mündet." Wir stehen inzwischen vor Julias vermeintlichem Grab, etwas außerhalb des Stadtkerns, in den Katakomben der Kirche des heiligen San Francesco. Dort wurden einst Julia-Rituale abgehalten, dort fand man die ersten Nachrichten an Julia. Und dort kann man heutzutage heiraten. Es gibt sie also doch, die Liebe in der steinernen Stadt.

Was denn jetzt mit meinem Brief sei, fragt mich Manuela, den ich Julia geschrieben hätte? „Okay", antworte ich, „meine Geschichte erzähle ich beim Mittagessen – in der Osteria Giulietta e Romeo, nicht so weit von hier …"

OPERNFESTSPIELE IN VERONA

Wenn das Schönste verloren geht

Zur Festspielzeit ist die Atmosphäre in der Arena di Verona immer das eigentlich Bewegende – die Opernaufführungen sind für viele nur eine (wunderschöne) Nebensache. Doch das könnte sich ändern: Denn nun gibt es neue Regeln für die Gradinate, die unnummerierten Rangplätze der Arena di Verona.

Nur die Kerzchen darf man noch mitbringen. Die Flasche Bianco di Custoza und der Picknick-Korb sollen dagegen zu Hause bleiben. Pedro macht deshalb neuerdings mehr Geschäft auf der Tribüne, wo er „Birra, Coca, Panini" lauthals anpreist. Ein Tamile verkauft Gelati – ohne Worte –, und Elisa lockt mit Sitzkissen für drei Euro, die vor der Arena nur einen kosten. Ein laues Lüftchen streicht über die Köpfe, und die Dämmerung taucht Ränge, Parkett und Bühne langsam ins Dunkel. Jetzt ist die Zeit, die Kerzchen zu entzünden. Jeder will alles sehen und mitbekommen: den Nachthimmel der blauen Stunde, das Dekolleté der schönen Signora, das Kommen und Gehen auf den Rängen, das Flanieren im Parkett, das Herumstehen der Herren in feinen Zegna-Anzügen – am liebsten würde man auch den ganzen Tratsch verstehen, der ausgetauscht wird, ehe sich die bis zu 15 000 Zuschauer auf ihre Plätze setzen, wenn der Gong ertönt.

PICKNICKKÖRBE VERBOTEN

In Verona ist noch kein Opernmuffel zum Fan geworden, auch wenn die Aufführungen oft besser sind als ihr Ruf. Verona ist weder Bayreuth noch Salzburg. Aber nur Verona hat eine so großartige Atmosphäre unter freiem Himmel. Und so viel Historie: Vor rund 2000 Jahren forderten die Gladiatorenwettkämpfe jeweils bis zu 100 Tote. Erst seit 1913 wird die Arena regelmäßig als Theater genutzt: Zur Premiere gab man zum 100. Geburtstag von Giuseppe Verdi „Aida". Und „Aida" steht auch zum Hundertjahrfestival 2013 als Eröffnungspremiere fest. Wohl dem, der die Nacht zuvor gut geschlafen hat. Vor Mitternacht ist selten Schluss in der Arena. Der eine ballt die Faust und gibt Forte, ein anderer wiegt die Hand sanft hin und her. Doch wenn sich nach 23.00 Uhr das eine oder andere Augenlid schließt, muss dies nicht zwangsläufig intensivsten Operngenuss bedeuten. Da würde ein Snack guttun. Aber den Griff in den Picknickkorb gibt es ja nicht mehr. Vorbei, verboten: Zu viel Müll, sagen die Veranstalter lapidar. Wenn die sich da auf Dauer nur nicht geschnitten haben. Denn geht das Schönste verloren, könnten bald einige Sitze leer bleiben ...

Nicht immer muss die Bühne (linke Seite: Kulissen neben der Arena) im Fokus stehen: Zur Festspielzeit wurde in Verona stets eine ganz besondere „Oper" aufgeführt. Ort: die Ränge der Arena. Zeit: vielleicht schon vergangen. Handlung: das Leben.

AUF EINEN BLICK

Spielpläne (2013 vom 14. Juni bis 8. Sept.), Preise und Vorbestellungen gibt es bei der Fondazione Arena di Verona, Vorverkaufsstelle in der Via Dietro Anfiteatro 6b, 37121 Verona, Tel. 045/596517, www.arena.it. Außer zur Eröffnungspremiere sind in der Regel an jedem Aufführungsabend noch Karten an der Theaterkasse, direkt an der Arena, erhältlich. Die Preise reichen von 18 Euro für den unnummerierten Sitzplatz bis 85 Euro in der „Gold-Kategorie".

Vor Mitternacht ist selten Schluss in der Arena di Verona.

Infos

Die Hübsche an der Etsch

Im Westen lockt Mailand, im Osten Venedig, und dazwischen liegt Verona. Schade, dass der „Stadt in der Mitte" meist nur ein Besuchstag gewährt wird. Denn der Ort mit seinen knapp 270 000 Einwohnern kann es zumindest mit Mailand locker aufnehmen – und zwar nicht erst seit dem Jahr 2000, als Veronas Altstadt von der UNESCO zum schützenswerten Erbe der Welt erklärt wurde.

01 – 16 VERONA

Seit dem Jahr 49 v. Chr. mit römischen Stadtrechten bedacht, findet man in **Verona** ▶ TOP-ZIEL das nach Rom und Capua bei Neapel drittgrößte Amphitheater Italiens. Zudem gilt die Stadt als Schauplatz der wahrscheinlich bekanntesten Liebesgeschichte der Welt. Dennoch ist es unfair, den Ort auf seine beiden Hauptanziehungspunkte zu reduzieren. Immerhin ist Verona auch die bedeutendste Kulturstadt des Veneto auf dem Festland, oder anders formuliert: des Veneto ohne Venedig.

Sehenswert

Das 01 **Anfiteatro**, die Arena di Verona, ist das berühmteste Bauwerk der Stadt und ihr Symbol. Es wurde um das Jahr 30 außerhalb der Stadtmauer mit einem Fassungsvermögen

Marktstand an der Piazza dei Signori

von mehr als 30 000 Zuschauern für Gladiatoren- und andere Wettkämpfe aus weißem und rötlichem Kalkstein erbaut. Heute finden bis zu 15 000 Zuschauer bei Opernaufführungen (pro Festspielsaison rund 450 000 Besucher) oder Rockkonzerten Platz. Zu Gast waren schon unter anderem Peter Gabriel und Supertramp sowie Jamiroquai, dessen Konzert auch auf DVD veröffentlicht wurde. Öffnungszeiten, auch an Aufführungstagen: Di.–So. 8.30–19.30, Mo. erst ab 13.30 Uhr (siehe Thema).

Die 02 **Piazza Bra** gilt als Salon der Stadt, mit prächtigen Häusern, einem kleinen Park, dem **Palazzo Barbieri**, dem heutigen Rathaus, in dem Bürgermeister Flavio Tosi von der Lega Nord regiert, der zuletzt bei der Kommunalwahl im Mai 2012 57,3 % der Stimmen erhielt, dem Museum **Lapidario Maffeiano** sowie direkt davor – und nicht zu vergessen – der Bronzebüste von William Shakespeare. Von hier breitet sich die zum Weltkulturerbe ernannte Altstadt wie eine Zunge aus, die umgeben von der Etsch ist. Sieben Brücken ermöglichen den Übertritt ans andere Ufer.

Über die Via Roma gelangt man zum 03 **Castelvecchio**, der bedeutendsten Scaliger-Burg aus dem 14. Jh. Die wenigen Schritte über die einst verbotene Ponte di Castelvecchio auf die andere Flussseite sollte man sich unbedingt für einen Gesamtanblick der Burg mit dem grünlichen Etsch-Wasser im Vordergrund gönnen: ein Postkartenmotiv.

Wieder zurück, führt der Weg – eventuell mit einem kleinen Abstecher zur Bronzetür der 04 **Basilica di San Zeno** aus dem 12. Jh. – über den Corso Cavour, am kleinen 05 **Arco dei Gavi** vorbei, zur 06 **Porta Borsari**, beides bestens erhaltene Relikte aus römischer Zeit. Über den Corso Porta Borsani stößt man an dessen Ende auf die 07 **Piazza delle Erbe**, den sogenannten Bauch der Stadt. Der Marktplatz, das einstige Forum Romanum, wird beherrscht vom den Marktständen mit Obst, Gemüse, Salami, Käse und Kitsch, dem Palazzo Maffei mit dem Brunnen der Madonna Verona und dem venezianischen Löwen davor, sowie vom Torre dei Lamberti mit seinen 84 m Höhe, von dem man den besten Ausblick auf die Stadt hat (tgl. 9.00–18.00 Uhr).

Hinter dem Lamberti-Turm geht man über die 08 **Piazza dei Signori**, einem wundervollen Platz mit den **Palazzi Scaligeri**, darunter dem Palazzo di Cangrande von 1280, und dem Denkmal Dante Alighieris von 1865. Der Dichter schrieb große Teile seiner „Göttlichen Komödie" in Verona. Es folgen die 09 **Arche Scaligere**, die monumentalen Grabstätten des Adelsgeschlechts. Besonders wuchtig zeigt sich das Baldachingrab des Cangrande, des mächtigsten Skaliger-Fürsten, der 1329 verstarb. Daran sieht man auch das Familienwappen, La Scala, die Leiter, nach der Mailands berühmtes Opernhaus benannt ist.

Das 10 **Casa di Giulietta** mit der Julia-Statue und dem berühmten Julia-Balkon, der einst ein Sarkopharg war, liegt nur ein paar Schritte weiter in der Via Cappello, einer der Flaniermeilen der Stadt (Di.–So. 9.00–19.00, Mo. ab 13.30 Uhr). Im Innenhof befindet sich der „Club di Giulietta" (Tel./Fax 045/53 31 15, www.julietclub.com). Das mutmaßliche 11 **Casa di Romeo**, ein mächtiges Backsteinhaus mit Turm, der einst den Wohlstand seiner Besitzer anzeigte, ist heute ein Privathaus und nur von außen zu besichtigen. Es liegt ums Eck in der Via Arche Scaligere, während sich das mutmaßliche Grab der Julia etwas außerhalb der Altstadt, in den Katakomben der **Chiesa San Francesco**, be-

Tipp

Besser und billiger

Veronas historisches Zentrum hat streng reglementierte Anfahrtszeiten für Autos. Es darf nur zwischen 10.00 und 13.30, 16.00 und 18.00 sowie zwischen 20.00 und 22.00 Uhr angefahren werden; Sa., So. und an Feiertagen ausschließlich in der Zeit zwischen 10.00 und 13.30 Uhr. Gäste, deren Hotel in den verkehrsberuhigten Zonen liegt, bekommen vom Hotel Zufahrtsgenehmigungen. Kostenfreie Parkmöglichkeiten stehen am Stadion, an der Piazzale Guardini und an der Porta Palio zur Verfügung. Mit der **Verona Card** kann man die städtischen Busse kostenfrei benützen, auch der Eintrittspreis zu vielen Museen ist inklusive.

Die Karte gibt es zu 15 Euro (für zwei Tage) und 20 Euro (für fünf Tage) in den Tabaccherie (erkennbar am weißen „T" auf schwarzen Hintergrund) sowie in partizipierenden Museen. Ansonsten kostet eine Busfahrt 1 Euro, das Tagesticket 3,50 Euro.

Infos

Die im 5. Jh. gegründete Kapitularbibliothek des Domkomplexes gehört zu den ältesten der Welt.

findet (Via del Pontiere 35, Di.–So. 8.30–19.30, Mo. ab 13.30 Uhr).

Der **12 Dom Santa Maria Matricolare** gehört zwar nicht zu den spektakulärsten Gotteshäusern Italiens, ist aber dennoch einen Besuch wert. Der romanische Bau entstand 1139, der Glockenturm wurde dagegen erst Anfang des 20. Jh. vollendet; die Vorgängerkirche stammt aus dem 5. Jh. Kunstkenner kommen vor allem wegen der „Himmelfahrt Mariä" von Tizian (März–Okt. 10.00–17.30, So. und Feiertage ab 13.30 Uhr, im Winter etwas kürzer geöffnet). Eine weitere bedeutende Kirche ganz in der Nähe, die oft fälschlicherweise für die Kathedrale gehalten wird, ist die **13 Basilica di Santa Anastasia**, ein gotischer Backsteinbau mit schlankem Terrakottaturm. Sehenswert sind besonders die Buckligen, die Statuen, die das Weihwasserbecken tragen (März–Okt. 9.00 bis 18.00, So. und Feiertage ab 13.00 Uhr). Von ihnen sind es nur wenige Meter zur **14 Ponte Pietra**, Veronas bekannteste Brücke und gleichzeitig der älteste erhaltene Bau der Römer aus dem 1. Jh. v. Chr. Hinübergehen lohnt sich, vor allem wegen des **15 Teatro Romano** aus dem 1. Jhd, das rechter Hand liegt. Im Sommer finden auch hier Theateraufführungen statt, obgleich nur noch die Zuschauerränge, nicht aber die ursprüngliche Bühne erhalten sind. Das oberhalb gelegene Schloss ist das **16 Castel San Pietro**. Der **Giardino Giusti** befindet sich ebenfalls auf dieser Etsch-Seite: Schon Goethe besuchte den schönen Park (tgl. 9.00–20.00, Okt.–März bis 19.00 Uhr). Außerhalb der Altstadt ist noch die **Porta Nuova** erwähnenswert. Dort findet sich zum einen der Hauptbahnhof und zum anderen führt der Blick über den Corso Porta Nuova zur Portoni della Bra, wo die Piazza Bra beginnt.

Museen

Das **03 Museo di Castelvecchio** (Website für alle Museen: www.cittadiverona.it/guide/musei) beherbergt zum einen das städtische Museum mit Werken von Tintoretto und Tiepolo sowie der Reiterstatue des Cangranda della Scala und zum anderen eine hervorragende Pinakothek (Corso Castelvecchio 2, Di.–So. 8.30–19.30, Mo. ab 13.30 Uhr). Das **15 Museo Archeologico e Teatro Romano** zeigt Stücke aus römischer Zeit, die in und um Verona gefunden wurden (Regaste Redentore 2, Di.–So. 8.30–19.30, Mo. ab 13.30 Uhr). Das **Museo Lapidario Maffeiano** an der **02 Piazza Bra** ist ein kleines, aber feines archeologisches Museum mit beeindruckender römischer Atmosphäre: Der Bau gehört zu den ältesten Europas, das Museum wurde aber erst 1734 eingerichtet. Dort findet meist die Eröffnungsparty der Opernfestspiele statt (Piazza Bra 28, Di.–So. 8.30–14.00 Uhr).

Einkaufen

Die „**Cantina di Giulietta**" bietet Cara-Giulietta-Wein an, 0,7 l ab 10 Euro, ein Valpolicella rosso, an (Via Cappello 21, an der Piazza Erbe, Bezug auch übers Internet: www.ricamiverona.it).

Die „**Pasticcheria de Rossi**" führt Baci di Giulietta, 300 g Marzipan mit Zuckerguss zu 8,30 Euro (Corso Porta Borsari 3).

Und wer noch mehr über Julia erfahren will, der geht am besten in eine der zahlreichen Buchhandlungen und sichert sich dort Ceil Friedmans „Letters to Juliet", Abrams Books, New York, 2006, 12,80 Euro.

Restaurants

Verona ist nicht gesegnet mit Restaurants, bei denen Preis und Leistung stimmen. Besonders gilt das für die Gaststätten rund um die Piazza Bra. Gegenüber dem Gardasee muss man mit höheren Preisen rechnen, etwa einem Drittel mehr, ohne dass das Niveau mitziehen würde. Beim €€€ **Ristorante Al Capitan della Cittadella** an der Piazza Cittadella 7 sieht das anders aus. Das Fischlokal ist zwar auch nicht gerade günstig, aber was auf den Tisch kommt, ist klasse (Tel. 045/59 51 57).

Günstiger und dennoch gut kommt man in der €€ **Enoteca Segreta** in der Vicolo Samaritana 10 in der Fußgängerzone weg. Dort gibt es auch ein ganz typisches Gericht: Pasta e fasoi alla Veronese, Nudeln mit Bohnen (Tel. 045/801 58 24).

Das €€€ **12 Apostoli** in der Corticella San Marco 3 gehört Giorgio Gioco. Er ist nicht nur ein beliebter Koch, sondern auch ein bekannter Mundartdichter mit Veroneser Dialekt (Tel. 045/59 69 99).

Die €€ **Osteria Giulietta e Romeo** ist dagegen, nomen est omen, eher etwas für Verliebte

Tipp

Mit „Julia" durch Verona

Manuela Uber ist eine der Julias, die beinahe täglich mindestens einen Brief beantworten, der an „die Julia aus Shakespeares Tragödie" geschrieben wurde. Zugleich ist sie lizenzierte Stadtführerin und bietet **Julia-Stadtführungen** an, allerdings auf Englisch (Auskünfte und Anfragen unter manuela.uber@tiscali.it). Wer eine deutsche Julia-Stadtführung bevorzugt, der wende sich an Martina Zampini unter star.3@alice.it. Auch sie ist offizielle Stadtführerin. Der Tarif liegt jeweils bei 54 Euro pro Stunde, der allerdings für bis zu 30 Personen gilt.

Standard-Stadtführungen können auch unter Tel. 045/810 13 22, www.veronacityguide.it angefragt werden.

Mit dem Rad nach Verona

Tipp

Klein – und bergig!

Die **Lessinia** ist die natürliche Grenze zwischen Po-Ebene und Alpen. Auf 30 Kilometer Länge geht es von 100 auf 1800 Höhenmeter.
Das **Filmfestival della Lessinia** findet seit 16 Jahren in Bosco Chiesanuova, nördlich von Verona, statt. Das internationale Festival prämiert interessante Kurz-, Dokumentar- und Spielfilme rund um den Berg. Für Nicht-Cineasten bietet der **Naturpark Lessinia** spektakuläre Naturformationen wie die Brücke von Veja und diverse Höhlen.
www.veronatuttintorno.it,
www.filmfestivallessinia.it

Verona ist eine Fahrradstadt. Große Teile der Innenstadt sind nur zu Fuß oder mit dem Fahrrad zugänglich. Für Gardaseebesucher besteht zudem die Möglichkeit, auch per Fahrrad und mithilfe von GPS vom See auf Nebenstrecken in die Stadt und zurück zu radeln.

„Puuuh! Das geht ganz schön hoch" – und in die Beine, mag sich so mancher denken, der die rund 40 Kilometer von Bardolino nach Verona mit dem Fahrrad bewältigt. Es geht nämlich gleich nach dem Start bergauf: Von Bardolino aus wird zunächst in südöstlicher Richtung das Hügelland von Calmasino durchquert. Zwischen den Weinreben und Zypressen kommt man sich ein bisschen wie in der Toskana vor – während man mit dem Auto ja normalerweise die triste Schnellstraße nimmt und an Veronas Straßenstrich vorbei in die Innenstadt gelangt. Mit dem Fahrrad soll's romantischer, ruhiger, einfach radliger zugehen. Also verlässt sich der Fahrradfahrer auf das bereits programmierte Zauberstück GPS, das der Anbieter in Bardolino zur Verfügung stellt. Die Steigungen sind auch bald geschafft, und auf einsamen Wegen geht's in Richtung Stadt. Nach rund 15 Kilometern schlägt das GPS als Strecke einen Schotterfahrradweg vor, der sich idyllisch entlang des Kanals Biffis bis nach Bussolengo schlängelt. Von dort geht es abermals auf einer Nebenstraße direkt in das Zentrum von Verona hinein, wo man sich unter das veronesische Fahrradvolk mischen kann. Wer auf dem Rückweg keine Lust mehr aufs Radl hat, der nimmt so einfach wie gemütlich den Linienbus nach Bardolino.

Pedaleros auf der Piazza delle Erbe

WEITERE INFORMATIONEN

Wer? Verona- und andere Fahrradtouren ab Bardolino bietet der Reiseveranstalter Europlan an.
Wie viel? Pro Tag 30 Euro mit Fahrradverleih, acht Euro mit dem eigenen Fahrrad, jeweils inklusive GPS, Taschen und Helm. Tel. 045/6209444, *www.europlan.it*

Wer nicht mit dem Fahrrad anreist, kann auch in der Stadt Räder mieten, etwa bei **Rent a Bike**, Corso Cavour 13 A, Tel./Fax 045/8005681, pro Tag 20 Euro. Auch einige Hotels bieten ihren Gästen einen kostenfreien Fahrradverleih an – fragen lohnt sich.

---

und Romantiker. Es gibt Cucina veronese auf mittlerem Preisniveau (Corso San Anastasia 27, Tel. 045/8009177).

Unterkunft

Das €€ **Hotel Giulietta e Romeo** ist eine recht nette Herberge hinter der Arena (Vicolo Tre Marchetti 3, Tel. 045/8003553, www.giuliettaeromeo.com). Etwas außerhalb in Dossobuono di Villafranca gelegen, aber besonders zur Festspielzeit ein Tipp, da man dort immer ein Zimmer bekommt und trotzdem sehr schön in einem hübsch renovierten Kloster nächtigt: €€€ **Hotel Veronesi La Torre** (Via Monte Baldo 22, Tel. 045/8604811, www.hotelveronesilatorre.it).

Umgebung

Weinkenner lassen sich sicherlich einen Ausflug ins nahe **Valpolicella** nicht entgehen. Die Heimat des legendären Amarone und des weniger bekannten, aber dennoch vorzüglichen Recioto wartet mit mindestens einem Weingut in jedem Dorf auf. Beide Weine überlebten übrigens alle Irrungen und Wirrungen der Menschheit seit Christi Geburt. Sie werden – wohl als einzige weltweit – schon seit mehr als 2000 Jahren angebaut ... Besonders hübsch ist die Villa Novare, ein herrschaftlicher Komplex aus dem 18. Jh., umgeben von Weinreben, soweit man sehen kann. Der Amarone ist eine Spezialität des Guts (Via Asiago 1, 37023 Grezzana, Tel. 045/8658444).

Information

*Touristeninformation,
Via degli Alpini 9, an der Piazza Bra,
Tel. 045/8068680,
www.veronatuttintorno.it*

Service

ANREISE

Auto: Alle Wege an den Gardasee führen über München und von dort über die A 8 oder bei Stau die A 95 nach Innsbruck zum Brennerpass. Die folgende italienische A 22 (Brennerautobahn) verlässt man zwischen Mezzocorona und Rovereto-Nord für Touren ins Trentino. Rovereto-Sud heißt die Ausfahrt für den nördlichen Teil des Sees, Affi für den südlichen. Für Verona nimmt man am besten die Ausfahrt Verona-Nord. Lediglich für einige Urlauber im Südwesten Deutschlands lohnt auch die Überlegung Füssen/Reutte/Fernpass oder Bregenz/Arlbergtunnel nach Innsbruck oder die Variante über die Schweiz via Lugano/Mailand und die italienische A 4 Richtung Venedig zu den Ausfahrten Desenzano, Sirmione oder Peschiera. Sowohl die österreichischen und die italienischen als auch die Schweizer Autobahnen sind mautpflichtig. Zwischen Innsbruck-Süd und Brenner wird eine Spezialmaut erhoben, weshalb diese Streck ohne Vignette befahren werden darf, was interessant ist für Leute, die über die A 95 kommen.

Bahn: Tagsüber stehen alle zwei Stunden Verbindungen mit Euro-City-Zügen ab und bis Mün-

Geschichte

Ab 2000 v. Chr. Die ersten Zeugnisse einer Besiedlung des Gardaseegebietes gehen auf die Bronzezeit zurück. Pfahlbauten bei Malcesine, Pai und am Ledrosee sowie frühgeschichtliche Felszeichnungen am Monte Baldo und am Tennosee dienen als Beleg.
1000 v. Chr. Veneter besiedeln die Südalpen.
600 v. Chr. Etrusker verdängen die Veneter.
500 v. Chr. Die Kelten kommen über die Alpen bis an den Gardasee und vermengen sich mit den Etruskern.
Ab 191 v. Chr. Die Römer erobern Norditalien. Der Gardasee wird Teil der römischen Provinz Gallia Cisalpina und der See erhält den römischen Namen Lacus Benacus.
Bis zum Fall des Römischen Reiches um das Jahr 500 n. Chr. werden vor allem am südlichen Seeufer zahlreiche römische Villen und Thermalbäder errichtet.
89 v. Chr. Verona mausert sich zu einer bedeutenden Handelsstadt und erhält die Rechte einer römischen Kolonie. Die Gemeinden in Oberitalien bekommen die römischen Bürgerrechte zugestanden.
313 Das Christentum wird römische Staatsreligion, Verona und Trient werden zu Bischofssitzen.
395 Teilung des Römischen Reiches. Norditalien fällt an Westrom.
404 Ravenna wird zur Hauptstadt von Norditalien.
452 Die Truppen des Hunnenkönigs Attila verwüsten Verona.
476 Ende des Weströmischen Reiches. Die Germanen erobern Norditalien.
568 Die Langobarden übernehmen die Macht in Norditalien und wählen Brescia als ihren Königssitz.
774 Karl der Große erobert das Langobardenreich und gliedert es ans Frankenreich an.
872 Gründung von Reichsitalien innerhalb des Frankenreichs.
951 Auf Gesuch von Papst Johann XII. nimmt Otto I. Reichsitalien ein und erklärt es zu einem Teil des Heiligen Römischen Reichs Deutscher Nation. Verona und Gardasee gehören nun zu Bayern.
1000 Die reichen norditalienischen Städte streben nach Autonomie. Es entstehen unabhängige Stadtrepubliken, das Trentino bleibt jedoch der Krone treu.
1168 Bildung des Lombardischen Bundes der norditalienischen Städte.
1183 Die Selbstverwaltung der Bundesstädte wird anerkannt.
1259 Die Herrschaft der kaisertreuen Skaliger verschafft Verona und dem Gardaseegebiet einen wirtschaftlichen Aufschwung.
1387 Die Mailänder übernehmen die Herrschaft über Verona und den Gardasee. Den Seegemeinden wird das Recht einer gemeinsamen Selbstverwaltung zugestanden.
1428 Venedig erobert Brescia.
1437 Auch Verona und der Gardasee fallen nun an Venedig.
1545 Das Konzil von Trient wird im Zeichen der Gegenreformation eröffnet. Es dauert mit Unterbrechungen bis ins Jahr 1563.
1705 Das Trentino fällt im Spanischen Erbfolgekrieg zeitweilig unter französische Kontrolle.
1796 Napoleon I. erobert Norditalien. Das westliche Gardaseeufer geht an die von Napoleon gegründete Cisalpinische Republik, das Ostufer und Verona gehören zu Österreich.
1800 Auch das Trentino gehört nun zu Österreich.
1815 Nach dem Sturz Napoleons bestätigt der Wiener Kongress, dass die Lombardei und Venetien Österreich zustehen.
1818 Die italienische Einigungsbewegung Risorgimento drängt auf ein Ende der österreichischen Herrschaft.
1861 Das Königreich Italien wird gegründet. Österreich muss nach erbitterten Schlachten die Lombardei und Venetien an Italien abtreten. Das Trentino mit Riva bleibt noch Teil von Österreichs k. u. k.-Monarchie.
1914 Beginn des Ersten Weltkriegs. Für die Region bedeutet dies einen erbittert geführten Stellungskrieg in den Bergen rund um das nördliche Gardaseeufer.
1919 Nach dem Ersten Weltkrieg verliert Österreich im Frieden von Saint-Germain auch das nördliche Gardaseeufer, Trient und Südtirol. Das vereinte Italien reicht jetzt bis zur Grenze am Brenner.
1940 Eintritt Italiens in den Zweiten Weltkrieg.
1943 Italien erklärt unter der Regierung Badoglio Deutschland den Krieg. Nach seinem Sturz in Rom ruft Mussolini die Italienische Sozialrepublik unter Protektion des Deutschen Reiches aus. Hitlers Satellitenstaat wird auch „Republik von Salò" genannt, weil das kleine Salò am Gardasee die Hauptstadt war.
1945 Mit dem Ende des Zweiten Weltkriegs sind die Republik von Salò und Mussolini am Ende. Nach heftigen Kämpfen wird Mussolini auf der Flucht bei Como erschossen.
1946 Italien wird Republik. König Vittorio Emanuele III. dankt ab.
1947 Südtirol und das Trentino werden vereinigt.
1972 Südtirol-Trentino wird weitreichende Autonomie zugestanden.
1989 Gründung der Lega Nord.
1992 Korruption, Amtsmissbrauch und Bestechungsaffären führen dazu, dass die Democrazia Cristiana erstmals nach dem Zweiten Weltkrieg die Parlamentswahlen verliert. Sieger wird die Forza Italia mit Berlusconi an der Spitze und der Lega Nord als Bündnispartner.
1993 Die Ringkanalisation rund um den Gardasee ist fertiggestellt.
2002 Die erste Seilbahn mit sich komplett drehenden Gondeln von Malcesine auf den Monte Baldo wird eröffnet.
2004 Die deutsche Fernsehserie „Der Ferienarzt" spielt am Gardasee.
2007 Erster Gardasee-Marathonlauf.
2008 Der Vorspann zum James-Bond-Film „Ein Quantum Trost" wird am nördlichen Teil des Sees gedreht, der Gardasee im Film jedoch nicht erwähnt.
2010 Die Kicker des FC Bayern München kommen zum Trainingslager nach Riva del Garda.
2011 Arco wird Austragungsort der Climbing Weltmeisterschaft 2011.
2012 Bei den Kommunalwahlen wird Flavio Tosi mit 57,3 % der Stimmen als Bürgermeister von Verona im Amt bestätigt.

Anhang

An einen Fjord erinnert der Gardasee bei Torbole – nur die Vegetation ist deutlich mediterran.

Reisedaten

Gardasee/Verona

Flug von Deutschland: Von Frankfurt-Hahn nach Bergamo ab 9,99 Euro mit einer Billig-Airline, von München nach Verona ab 200 Euro mit Lufthansa.
Inlandsverkehr: Von Verona nach Venedig etwa 15 Euro.
Reisepapiere: Personalausweis
Währung: Euro
Sprache: Italienisch, im Trentino und am Gardasee wird fast überall Deutsch verstanden. In Verona kommt man besser mit Englisch durch.
Mietwagen: Ab 65 Euro am Tag, ein Cabrio ab 80 Euro. Motorroller gibt's ab 50 Euro pro Tag.
Benzin: 1 Liter Super bleifrei kostet ca. 1,85 Euro.
Unterkunft: Einfach ab 60,00 Euro, mittel ab 80,00 Euro, gehoben ab 120,00 Euro, jeweils pro Doppelzimmer mit Frühstück. Ein Ferienhaus kostet ab 400 Euro pro Woche. Ein Zelt und 2 Personen kosten auf dem Campingplatz rund 25 Euro pro Nacht.
Ortszeit: Es gilt MEZ, im Sommer MSZ.

chen nach Trento, Rovereto, Verona (mit Anschluss nach Peschiera, Desenzano und weiter nach Milano) zur Auswahl. Da diese Verbindungen von der deutschen oder österreichischen Bahn betrieben werden, ist an italienischen Schaltern kein Vorverkauf der Tickets möglich.
Flugzeug: Lufthansa fliegt von München und Frankfurt nach Verona, Air Berlin von Berlin und Düsseldorf, Air Dolomiti von Wien und Zürich. Bergamo liegt zwar knapp 100 km vom Südteil des Gardasees entfernt, aber Ryanair fliegt die Strecke von Hahn manchmal fast umsonst.

AUSKUNFT

In Deutschland: Italienische Zentrale für Tourismus ENIT, Barckhausstraße 10, D-60325 Frankfurt am Main, Tel. 0049/69/23 74 34, frankfurt@enit.it, www.enit.de
In Österreich: Italienische Zentrale für Tourismus ENIT, Mariahilfer Straße 1b, 1060 Wien, Tel. 0043/01/505 16 39-12, vienna@enit.it, www.enit.it
In der Schweiz: Italienische Zentrale für Tourismus ENIT, Uraniastraße 32, CH-8001 Zürich, Tel. 0041/434 66 40 40, zurich@enit.it, www.enit.it
Der Gardasee ist politisch in drei Provinzen aufgeteilt. Der Norden gehört zum Trentino, der Westen zu Brescia, der Osten zu Verona. Aus diesem Grund gibt es keine übergeordnete Informationsstelle. Auf den Infoseiten ist bei jeder Ortschaft der entsprechende Tourismusverband aufgeführt.

BEHINDERTE

Für körperlich behinderte Menschen ist der Gardasee nicht unbedingt ein empfehlenswertes Urlaubsziel. In den Dörfern überwiegt Kopfsteinpflaster, die Strände sind für Rollstuhlfahrer fast alle unzugänglich. Im Trentino werden viele behindertengerechte Zimmer angeboten. In Verona sind öffentliche Einrichtungen fast alle rollstuhlgerecht ausgebaut.

ESSEN UND TRINKEN

Eine Küche wie die am Gardasee gebräuchliche, basierend auf Olivenöl, Fisch, Pasta und Wein, passt heutzutage nahezu perfekt zu modernen Ernährungsanforderungen. In Verona ist das Angebot großstädtisch und damit breitgefächerter, im Trentino geht's deutlich deftiger zu. Aber für alle Regionen gilt: Es schmeckt!

Essenszeiten: La Colazione, das Frühstück, wird außerhalb der Touristenhotels mit ihren Büffets schnell abgehandelt. Ein Caffè, ein Brioche und ein Blick in die Zeitung, alles im Stehen an der Bar – fertig! Mittags – für il Pranzo – nimmt man sich schon mehr Zeit. Drei Gänge mit Wein sind durchaus üblich. Während la Cena, das Abendessen, zelebriert wird. Zwei bis drei Stunden für vier bis fünf Gänge und nicht nur einem Fläschchen sind keine Seltenheit.
Regionale Speisen: Eine typische Vorspeise am Lago ist Hecht mit Sauce, *Luccio in Salsa*, wobei die Sauce aus in Olivenöl gebratenen Sardinen gewonnen und mit Kapern und Zwiebeln verfeinert wird. Dazu gibt's Polenta, selten als frischer Maisbrei, sondern meist als geröstete Scheiben. Auf jeder Karte zu finden ist *Caprese*, der beliebte Salat aus Tomaten, Basilikum, wenn möglich Büffelmozzarella und Olivenöl (aber ohne Balsamico). Wurstplatten werden ebenfalls gern als Vorspeise gereicht, besonders im Trentino, aber auch in Verona.
Zu den Pastaklassikern gehören *Bigoli con le sarde*, dicke, hausgemachte Spaghetti mit Sardinen, Olivenöl und Petersilie. Typisch sind auch Tagliatelle mit unterschiedlichen Pilzen, meist Pfifferlingen. Unbedingt probieren sollte man *Strangolapreti*, Spinatnocken mit Butter und Salbei. In Verona liebt man *Pasta e fasoi*,

Service

Nudeln mit Bohnen. Ansonsten stehen alle möglichen Sorten von Nudeln mit Sugo auf der Karte, mit Tomatensauce, Hackfleischsauce, Salsiccia-Sauce, mit Knoblauch, Peperoni und Olivenöl oder auch mal mit weißem Kaninchenragu ohne Tomaten. Lecker schmeckt das *Risotto alla tinca*, das bekannte Schleien-Risotto vom Lago. Immer ein Genuss, auch wenn's nicht vom Gardasee kommt: *Risotto alla milanese* mit Safran.

Als Hauptgerichte werden meist Fleisch oder Seefisch vom Grill gereicht – von den fast 40 Gardaseefischen findet man jedoch selten andere auf der Karte als Forelle oder Blaufelchen, es sei denn, man reserviert einen Platz in einem Fischspezialitäten-Restaurant wie „Al Pescatore" am kleinen Hafen von Castelletto di Brenzone. Regionale Besonderheiten beim Fleisch sind Kaninchenbraten am Obersee, Pferdefleisch in Verona oder trentinische *Carne salada*, am besten *con fagioli* – also Salzfleisch mit braunen Bohnen.

Beim Nachtisch geht es wie überall in Italien um Gelati und Semifreddo, Torta und Tartufo, Pannacotta und Zabaione. Vom Obstsalat, *Macedonia*, muss dagegen in neun von zehn Fällen abgeraten werden: Da steckt meistens Dosenware dahinter … Eine durchaus empfehlenswerte Alternative ist eine Käseplatte mit diversen Sorten aus der jeweiligen Gegend.

Weine der Region: „Eccelente Marzemino" ließ schon Mozart in „Don Giovanni" singen, und wirklich, der Marzemino aus dem Weinanbaugebiet Vallagarina und der ebenfalls tiefrote Teroldego von den Hängen oberhalb des Etschtals sowie der ausschließlich im Valle dei Laghi kultivierte weiße Nosiola sind die Stars im Trentino. An den Ufern des Gardasees gedeihen die Trauben für den roten Bardolino in den Varianten Classico, Chiaretto (Rosé), Novello und – sehr empfehlenswert – Superiore. Das Produktionsgebiet umfasst Bardolino und Garda sowie teilweise Lazise. Dort wächst auch der Bianco di Custoza, dessen Zentrum aber eher in Sommacampagna, Villafranca, Valeggio sul Mincio und Peschiera anzusiedeln ist. Der deutlich feinere Lugana wird aus Trebbiano-Trauben rund um Lugana, einem Ortsteil von Sirmione, gewonnen. Markant ist seine strohgelbe Farbe. Noch weiter westlich wachsen um Moniga herum die Reben für den leichten Rosé Chiaretto.

Aus Venetien kommen nicht nur weitaus bekanntere, sondern auch weitaus bessere Tropfen. Gilt der Valpolicella Classico hierzulande eher als Massenware, so schnalzen beim Namen Amarone di Valpolicella selbst versierte Weinkenner mit der Zunge. Der ursprünglich süße Wein wird durch langsame Gärung und konsequent trockenen Ausbau erst zu dem rubinroten, würzig-trockenen Wein mit mindestens 14 % Alkoholgehalt, der auf einer Stufe steht mit Barolo oder Brunello. Die Soave schließlich liegt im Osten der Veroneser Hügellandschaft und umfasst 13 Gemeinden, aus denen der gleichnamige leichte Weiße mit einem bisweilen grünlichen Schimmer kommt.

FEIERTAGE UND FESTE

Die offiziellen Feiertage entsprechen weitgehend denen in Deutschland. Es sind Neujahr (1. Jan.), der Dreikönigstag (6. Jan.), der variable Ostermontag, der Tag der Befreiung (25. April), der Tag der Arbeit (1. Mai), der variable Pfingstmontag, der Nationalfeiertag (2. Juni), Mariä Himmelfahrt (15. Aug.), Allerheiligen (1. Nov.), Mariä Empfängnis (8. Dez.), Weihnachten (25. und 26. Dez.) und Silvester (31. Dez.). Unter den ortsübergreifenden Festen sind vor allem im Februar der **Karneval** hervorzuheben, der besonders in Verona noch einen Touch aus Venedig hat. Ebenfalls in Verona sind die **Opernfestspiele** von Juni bis September hervorzuheben, im Oktober die **Weinfeste** (siehe Bardolino), im November die **Olivenölfeste** (siehe Castelletto di Brenzone), im Dezember die **Vorweihnachtszeit** mit zahlreichen Weihnachtsmärkten und Krippenausstellungen sowie das ganze Jahr über die Kirchweihfeste.

GELD UND KREDITKARTEN

Die Versorgung mit Bargeld wird durch ein dichtes Netz an Geldautomaten gewährleistet. Kreditkarten werden in fast allen Hotels, Restaurants und Geschäften akzeptiert. Manche Hotels am Gardasee gewähren den Kunden drei Prozent Nachlass auf die Rechnung, wenn sie bar bezahlen.

Tagliatelle mit Pilzen: Lecker!

GESUNDHEIT/NOTRUF

Die Europäische Krankenversicherungskarte erleichtert den Bürgern aus den EU-Mitgliedstaaten den Zugang zu medizinischen Versorgungsleistungen während eines vorübergehenden Aufenthalts im Ausland. Privatpatienten werden gegen Barbezahlung oder Kostenübernahmegarantie der privaten Krankenkasse (geht per Fax) behandelt. Krankenhäuser gibt es am Gardasee in Malcesine, Peschiera und Desenzano, außerdem mit sehr gutem Ruf das Ospedale di Trento in Trient, Rovereto, Arco, Gavardo bei Salò, Bussolengo bei Verona und in Verona. Notaufnahme heißt Pronto Soccorso. Deutschsprachige Ärzte und Zahnärzte findet man in der kostenlos in Hotels ausliegenden „Gardasee Zeitung". Apotheken erkennt man am grünen Kreuz jeder Farmacia. Die in ganz Italien gültige **Sanitätsnotrufnummer** lautet **118**. . In dringenden Notfällen wählt man jedoch besser die kostenlose 112, weil dort meist auch in Englisch kommuniziert werden kann.

HOTEL/UNTERKUNFT

Preiskategorien

€€€€	Doppelzimmer	ab 200 €
€€€	Doppelzimmer	120–200 €
€€	Doppelzimmer	80–120 €
€	Doppelzimmer	50–80 €

Empfehlungen und Adressen siehe Infoseiten der vorangegangenen Kapitel.

KINDER/VERGNÜGUNGSPARKS

Besonders der Süden des Gardasees mit seinen flachen Stränden und Vergnügungsparks

Dicker Bauch, freut uns auch: beim Wein

Anhang

ist ein Eldorado für Kinder. Im Trentino und in Verona ist für genügend Abwechslung für die Kleinen gesorgt. Außerdem ist Italien generell ein kinderfreundliches Land, so dass es etwa in Restaurants selten Stress gibt.

ÖFFNUNGSZEITEN

Kernöffnungszeiten sind generell 8.00 bis 12.00 und 15.00–19.00 Uhr. In der Hochsaison ist aber in vielen Geschäften am Gardasee durchgehend geöffnet, zum Teil bis 22.00 Uhr.

RESTAURANTS

Preiskategorien

€€€€	Hauptspeisen	über 20 €
€€€	Hauptspeisen	15–20 €
€€	Hauptspeisen	10–15 €
€	Hauptspeisen	bis 10 €

Empfehlungen und Adressen siehe Infoseiten der vorangegangenen Kapitel.

Oberhalb von Gardone kann man auch am späten Nachmittag noch die Sonne genießen.

REISEZEIT UND WETTER

Am Gardasee und in Verona herrscht ein mediterranes Binnenklima. Am See fällt nur ganz selten Schnee, die Temperaturen erreichen fast nie den Gefrierpunkt. In den Sommermonaten hingegen steigt das Thermometer tagsüber immer wieder auf mehr als 30 Grad an, und es ist auch nachts noch angenehm warm. Saison ist von Ostern bis September, aber auch im Winter kann man herrliche Wintersonnentage erleben und auf dem Monte Baldo sogar Ski fahren. Im Trentino ist das Klima sehr unterschiedlich – kein Wunder bei Höhenunterschieden bis zu 3000 m. Es reicht von mild und mit dem Gardasee vergleichbar in den südlichen Tälern bis nordisch-alpin in den Höhenlagen mit kurzen Sommern und langen, kalten Wintern. Die Wintersportsaison beginnt im Dezember und endet im April. Sommersaison ist Ostern bis September.

SOUVENIRS

Verona lockt mit allen „Brands" der italienischen Mode- und Designindustrie. Im Trentino deckt man sich mit Wein oder Honig ein, um den Daheimgebliebenen ein bisschen Freude zu bereiten. Wein, vor allem aber Olivenöl kann man auch vom Gardasee mitbringen, wo man zudem auf den Wochenmärkten mit dem einen oder anderen Ledergürtel, Stöffchen, Schmuckstück, Pizzateller oder Grappaglas fündig wird.

TELEFON UND INTERNET

Die Ländernummer für Telefonate aus dem Ausland nach Italien ist 0039. Anschließend wählt man die gewünschte komplette italienische Telefonnummer, inklusive der Vorwahl-Null. Das Handy funktioniert fast überall. Die Ländernummer für Gespräche nach Deutsch-

Daten und Fakten

Einwohner: Knapp 200000 Einwohner wohnen an den Ufern und Hängen des Gardasees. Im Trentino sind es rund 525000 und in Verona etwa 270000.

Geografie: Mit einer Fläche von knapp 370 km² ist der Gardasee der größte See Italiens. Das venetische Ostufer wird vom bis zu 2218 m hohen Monte-Baldo-Massiv beherrscht, an das sich die Riviera degli Olivi bei Malcesine anschließt. Weiter südlich, auf der Höhe von Bardolino, prägen Weinreben die Landschaft. Die Südspitze des Sees bei Sirmione ist von fruchtbaren Moränenhügeln umgeben. Die bis zu 2000 m aufragenden Berge der Brescianer Voralpen bestimmen das Bild des lombardischen Westufers. Von Salò bis Gargnano erstreckt sich die Brescianer Riviera mit mildem Klima und subtropischer Flora. Das klimatisch begünstigte Etschtal im Trentino bietet beste Voraussetzungen für eine ertragreiche Landwirtschaft. Die eindrucksvollsten Hochgebirgsregionen des Trentino sind die Dolomiten und die westlich der Etsch gelegene Brenta-Gruppe.

Verwaltung: Drei Provinzen teilen sich den Gardasee. Der Norden gehört zum Trentino, der Westen zu Brescia, der Osten zu Verona. Analog dazu reihen sich die Regionen Südtirol-Trentino, Lombardei und Venetien um den See.

Politik: Italien ist seit 1946 eine parlamentarische Demokratie, Staatsoberhaupt der für 7 Jahre gewählte Staatspräsident. In Norditalien, inklusive Trentino, Gardasee und Verona, ist die Lega Nord die stärkste politische Kraft. Auf Regionalebene erzielte sie zuletzt mehr als 35 % der Stimmen in Venetien, 26 % in der Lombardei, 11 % im Trentino. Auf Provinzebene stellt die Lega Nord mit 57,3 % Stimmenanteil den Bürgermeister Veronas.

Wirtschaft: Der Tourismus mit jährlich rund sechs Millionen Gästen, davon knapp zwei Drittel aus Deutschland, ist wichtigster Erwerbszweig rund um den Gardasee. Mehr als 90 % des Geschäfts ist jedoch aufs Sommerhalbjahr zwischen Ostern und September beschränkt. Daher ist auch der Landwirtschaftssektor nicht zu unterschätzen, insbesondere der Wein- und Olivenanbau am Gardasee. Im Trentino stehen Obst-, Gemüse-, Wein-, Milch- und Viehwirtschaft noch vor dem Tourismus. In Verona ist der Dienstleistungssektor dominant.

Service

land aus Italien ist 0049. Anschließend wählt man die gewünschte komplette deutsche Telefonnummer ohne die Vorwahl-Null. **Die wichtigsten Notrufnummern** sind: Polizei 113, Feuerwehr 115, Sanitätsnotruf 118, Rettungsdienst 112. Einige Bars und Hotels bieten W-Lan-Internetzugang, es gibt auch ein paar Internet-Cafés.

VERKEHRSMITTEL

Auto: Am Gardasee sind an den Markttagen Staus in den jeweiligen Ortschaften in beide Richtungen die Regel. Gleiches gilt für Samstag- und Sonntagabende am Ende eines schönen Badetags, wenn es für viele Italiener wieder heimwärts Richtung Trient oder Verona geht. Die Parksituation ist überall schwierig. Gelb markierte Bordsteine bedeuten: Parken verboten. Sind sie blau markiert, sind die Parkzeiten zeitlich limitiert. Knöllchen, die in Italien ausgestellt wurden, werden nun auch in Deutschland eingetrieben. Verkehrswidrigkeiten sind in Italien generell mit deutlich höheren Busgeldern belegt als in Deutschland. Die Promillegrenze liegt bei 0,5. Als Höchstgeschwindigkeiten gelten 50 km/h innerorts, 90 auf Landstraßen und 130 auf Autobahnen. Es muss überall und jederzeit mit Abblendlicht gefahren werden. Das Mitführen einer Warnweste ist Pflicht. Gelbe Notrufsäulen stehen an den Autobahnen in Abständen von 2 km am Straßenrand. Die kostenfreie, zu jeder Zeit besetzte Telefonleitung des italienischen Automobilclubs ACI ist 80 31 16. An Tankstellen kann auch außerhalb der Öffnungszeiten mit Bargeld getankt werden; die Maschinen akzeptieren in der Regel aber keine ausländischen Kredit- oder Geldkarten.
Motorroller und Fahrrad: Sind aufgrund der Verkehrs- und Parksituation je nach zu bewältigender Distanz am Gardasee und in Verona empfehlenswert. **Bus:** Jeder Ort am Gardasee ist per Bus erreichbar. Verona hat ebenfalls ein gutes Bussystem.
Schiff: Jeder Ort am Gardasee ist auch per Schiff erreichbar. Fahrplan und Preise unter www.navigazionelaghi.it.
Motorboot: Besitzer können sich unter www.gardasee-info.de/downloads/Motorboot.pdf die gültigen Regeln herunterladen.

Wetterdaten

Riva

	TAGES-TEMP. MAX.	NACHT-TEMP. MIN.	WASSER-TEMP.	TAGE MIT NIEDER-SCHLAG	SONNEN-STUNDEN PRO TAG
Januar	5°	1°	8°	5	3
Februar	7°	1°	6°	5	4
März	12°	4°	8°	7	5
April	17°	9°	10°	9	5
Mai	20°	13°	13°	11	6
Juni	24°	17°	18°	10	7
Juli	27°	19°	20°	8	8
August	26°	18°	21°	8	7
September	22°	15°	19°	7	6
Oktober	16°	10°	16°	8	6
November	11°	5°	12°	8	3
Dezember	6°	2°	10°	6	3

Abschied vom Gardasee: mit der Autofähre von Torri del Benaco nach Toscolano-Maderno – und weiter nach …?

Register

Fette Ziffern verweisen auf Abbildungen

A/B
Albisano 80
Arco **32**, 33, 35, 45
Bardolino **12/13**, 77, 84, 85, 89, 95, 97, 111
Brenta-Gruppe 21, 27, 28, 29
Brenzone 71, 72, **73**, 75, 77, 79, 80

C
Campione 63, 64
Campo **73**, 79
Castel Beseno s. Rovereto
Castel Pergine **23**, 27
Castel Thun **23**, 25, 27
Castel Toblino/Lago di Toblino **22**, 25, 28
Castelletto **72**, 73, 77, 79, 80
Castelnuovo/Gardaland 95
Cavalese 23
Colà 95
Comano, Termi di 28

D/G
Desenzano **88/89**, 96, 97

G
Garda **10/11**, **74**, 75, 80, 81
Gardaland s. Castelnuovo
Gardesana occidentale **50**, 51, 57, 63, 69
Gardesana orientale 57, 59, **66–75**
Gardone Riviera 42, **56**, 57, 59, 64, 65, **115**
Gargnano 53, **54/55**, **60/61**, 64

I
Isola del Garda **90–93**, 97

L
Lago di Ledro (Ledrosee) **33**, 39, 45, 46
Lago di Tenno (Tennosee) **32**, 33, 46
Lago di Toblino s. Castel Toblino
Lazise 89, 95, 96
Ledrosee s. Lago di Ledro
Limone **48/49**, **50**, **51**, 53, 55, 63
Lonato **89**, 97

M
Maderno 46, 57, 64, 80, **116**
Madonna di Campiglio **28**
Madonna di Monte Castello **52**, 55, 63, 64
Malcesine **43**, **66/67**, **68/69**, **70**, 71, **73**, 79, 105

Manerba del Garda **88**, 89, 97
Marmitte dei Giganti (Gletschertöpfe/-mühlen) 47
Marmolata 27
Molina **33**, 46
Moniga del Garda 89, 97
Monte Baldo 47, 55, **70/71**, 79, 80

N
Nago 46, 47
Nonstal s. Val di Non

P
Padenghe sul Garda 97
Peschiera 89, 96
Pieve de Tremosine 53, **63**, 64, **65**
- Schauderterrasse 63
Pregasina **38**, **39**
Punta San Vigilio **16/17**, **74**, 81, 87

R
Riva del Garda **30/31**, **33–39**, 40, 45, 46, **47**, 96
Rovereto 28, **29**

S
Salò **8/9**, **58/59**, 65
San Felice del Benaco 89, 97
Sella-Gruppe 27, 29
Sirmione 42, **82/83**, **86**, **87**, 96, 105
- Grotten des Catull 42, 86, 87, 96
Stenico 23, 28

T
Tennosee s. Lago di Tenno
Tignale **52**, 55, 63, 64
Torbole **14/15**, **30/31**, 33, 35, 37, 39, 40, **41**, 45, 46, **47**, 113
Torri del Benaco 53, **72**, 75, **80**, 105, **116**
Toscolano 53, 64, **116**
Tremosine **52**, 53, **63**, 64, 65
Trento (Trient) **24**, **25**, 27

V
Val di Fassa (Fassatal) **20/21**, 27, 29
Val di Fiemme **24**, 27
Val di Non (Nonstal) 23, 25, 27
Valeggio sul Mincio 96
Valle dei Laghi **22**, 25, 28
Valle dei Mòcheni (Bersntal/Fersental) **23**, 27
Verona **98–111**
- Arche Scaligere 109
- Arco dei Gavi 109
- Arena di Verona (Anfiteatro) 103, 105, 106, 107, 109

- Casa di Giulietta **98/99**, 100, 101, 103, 109
- Casa di Romeo 109
- Castel San Pietro 109
- Castelvecchio 103, 104, 105, 109, 110
- Giardino Giusti 104, 110
- „Julias Grab" **100/101**, 105, 109
- Palazzo Barbieri 109
- Piazza Bra 101, 102, 109, 110
- Piazza dei Signori 105, 109
- Piazza delle Erbe 101, 103, 105, 109, 111
- Ponte Pietra 109
- Ponte Scaligero 103, 105
- Porta Borsari 109
- San Zeno Maggiore 105, 109

- Santa Anastasia 109
- Santa Maria Matricolare 105, 110
- Teatro Romano 109

Impressum

2. Auflage 2013
© DuMont Reiseverlag, Ostfildern

Verlag: DuMont Reiseverlag, Postfach 3151, 73751 Ostfildern, Tel. 0711/4502-0, Fax 0711/4502-135, www.dumontreise.de
Geschäftsführer: Dr. Thomas Brinkmann, Dr. Stephanie Mair-Huydts
Programmleitung: Birgit Borowski
Redaktion: Robert Fischer (www.vrb-muenchen.de)
Text, Aktualisierung 2012: Jochen Müssig
Exklusiv-Fotografie: Michael Riehle
Zusätzliches Bildmaterial: S. 4 (unten li) Udo Bernhart, 7 (unten li) mauritius images / imagebroker / Werner Dieterich, 10/11 Bildagentur Huber/Cogoli Franco, 14/15 Tobias Gerber/laif, 18/19 Wolfgang Ehn / LOOK-foto, 20 (oben li) Standl/laif, 20/21 (Mitte) Tobias Gerber/laif, 28 (oben) DuMont Bildarchiv/Udo Bernhart, 28 (unten re) Udo Bernhart, 29 (oben li) O. Seehauser / Suedtirolfoto / LOOK-foto, 29 (unten re) Bildagentur Huber / Angeli Nicola, 36 (unten re) Kreuels/laif, 37 (unten) Bildagentur Huber/Friedel, 40 Dokumentationszentrum Limone, 41 Dokumentationszentrum Limone, 42 TV-yesterday/Wolfgang Maria Weber, 52 (unten) Tobias Gerber/ laif, 53 (oben), 56 (unten li) Tobias Gerber/laif, 58 (unten) Bildagentur Huber/S. Mezzanotte, 59 Tobias Gerber/laif, 70 (unten) Tobias Gerber/laif, 70/71 (Mitte) Tobias Gerber/laif, 76 Stockfood, Sprang, Richard, 77 (oben/unten) Udo Bernhart, 84 (unten) Tobias Gerber/laif, 87 Ingolf Pompe / LOOK-foto, 106 mauritius images / Michael Jostmeier, 107 (oben/unten) Kirchgessner/laif, 111 (oben) Bildagentur Huber/Lubenow, 114 (oben) Stockfood, 115 DuMont Bildarchiv/Udo Bernhart
Grafische Konzeption, Art Direktion und Layout: fpm factor product münchen
Kartografie: © MAIRDUMONT GmbH & Co. KG, Ostfildern
DuMont Bildarchiv: Marco-Polo-Straße 1, 73760 Ostfildern, Tel. 0711/4502-266, Fax 0711/4502-1006, bildarchiv@mairdumont.com

Für die Richtigkeit der in diesem DuMont Bildatlas angegebenen Daten – Adressen, Öffnungszeiten, Telefonnummern usw. – kann der Verlag keine Garantie übernehmen. Nachdruck, auch auszugsweise, nur mit vorheriger Genehmigung des Verlages. Erscheinungsweise: monatlich.

Anzeigenvermarktung: MAIRDUMONT MEDIA, Tel. 0711/4502333, Fax 0711/45021012, media@mairdumont.com, http://media.mairdumont.com
Vertrieb Zeitschriftenhandel: PARTNER Medienservices GmbH, Postfach 810420, 70521 Stuttgart, Tel. 0711/7252-212, Fax 0711/7252-320
Vertrieb Abonnement: Leserservice DuMont Bildatlas, Zenit Pressevertrieb GmbH, Postfach 810640, 70523 Stuttgart, Tel. 0180/5727252-265, Fax 0180/5727252-333, dumontreise@zenit-presse.de
Vertrieb Buchhandel und Einzelhefte: MAIRDUMONT GmbH & Co KG, Marco-Polo-Straße 1, 73760 Ostfildern, Tel. 0711/4502-0, Fax 0711/4502-340
Reproduktionen: PPP Pre Print Partner GmbH & Co. KG, Köln
Druck und buchbinderische Verarbeitung: NEEF + STUMME premium printing GmbH & Co. KG, Wittingen, Printed in Germany

Hoch über der Spree erhebt sich Bautzen mit seinem mittelalterlich-barocken Stadtbild.

SPREEWALD
LAUSITZ

Wald, Wiesen, Wasser …
prägen die Landschaft südöstlich von Berlin. Am besten erkundet man sie mit dem Paddelboot.

Städte mit neuem Glanz
Bautzen, Cottbus und Görlitz

Seenland im Kohlerevier
Aus alten Gruben wurden vielerorts Badeparadiese.

Zauberhafte feine Strandbuchten vor türkisblauem Meer und Schatten spendende Pinien – kann es Schöneres geben?

KORSIKA

Wild und ursprünglich …
präsentiert sich die Insel bis heute – und das obwohl rund 2 Mio. Touristen jedes Jahr Korsika besuchen.

Rätselhafte Menhire
Alles über Korsikas Megalithkultur

Wanderfreuden
Legendär ist der Trekkingpfad GR 20 – aber es gibt auch leichtere Wanderalternativen.

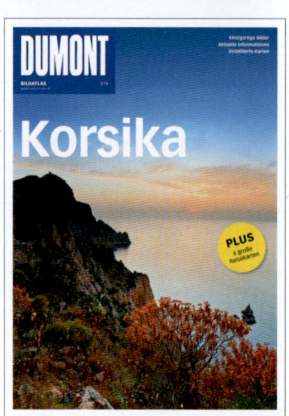

Lieferbare Ausgaben

DEUTSCHLAND
119 Allgäu
092 Altmühltal
105 Bayerischer Wald
120 Berlin
106 Bodensee, Oberschwaben
121 Brandenburg
056 Chiemgau, Berchtesg. Land
013 Dresden, Sächs. Schweiz
095 Eifel, Aachen
096 Elbe und Weser, Bremen
125 Erzgebirge, Vogtland
020 Frankfurt, Rhein-Main
059 Fränkische Schweiz
112 Freiburg, Basel, Colmar
028 Hamburg
026 Hannover zw. Harz u. Heide
061 Harz
062 Hunsrück, Naheland, Rheinhessen
023 Leipzig, Halle, Magdeburg
131 Lüneburger Heide, Wendland
066 Mainfranken
133 Mecklenburgische Seen
038 Mecklenburg-Vorpommern
033 Mosel
114 München
098 Münsterland
015 Nordseeküste Schleswig-Holstein
006 Oberbayern
074 Odenwald, Bergstraße
035 Osnabrücker Land, Emsland
002 Ostfriesland, Oldenb. Land
135 Ostseeküste Mecklenburg-Vorpommern
075 Ostseeküste Schleswig-Holstein
136 Pfalz
078 Rhein zw. Köln und Mainz
079 Rhön
116 Rügen, Usedom, Hiddensee
137 Ruhrgebiet
080 Sachsen
081 Sachsen-Anhalt
117 Sauerland, Siegerland
083 Schwarzwald Norden
084 Schwarzwald Süden
018 Spreewald, Lausitz
008 Stuttgart, Schwäbische Alb
141 Sylt, Amrum, Föhr
142 Teutoburger Wald
102 Thüringen
143 Thüringer Wald
037 Weserbergland

BENELUX
052 Amsterdam
011 Flandern, Brüssel
070 Niederlande

FRANKREICH
055 Bretagne
021 Côte d'Azur
032 Elsass
009 Frankreich Süden Languedoc-Roussillon
019 Korsika
071 Normandie
001 Paris
115 Provence

GROSSBRITANNIEN/IRLAND
063 Irland
130 London
138 Schottland
030 Südengland

ITALIEN/MALTA/KROATIEN
017 Gardasee, Trentino
110 Golf von Neapel, Kampanien
128 Italien, Norden
005 Kroatische Adriaküste
113 Malta
073 Oberitalienische Seen
076 Piemont, Aostatal
014 Rom
082 Sardinien
003 Sizilien
140 Südtirol
039 Toskana
091 Venedig, Venetien

GRIECHENLAND/ZYPERN/TÜRKEI
034 Istanbul
016 Kreta
090 Türkisches Mittelmeer
148 Zypern

MITTEL- UND OSTEUROPA
104 Baltikum
122 Bulgarien
094 Danzig, Ostsee, Masuren
101 Polen Süden, Breslau, Krakau
077 Prag
085 St. Petersburg
145 Tschechien
146 Ungarn

ÖSTERREICH/SCHWEIZ
129 Kärnten
004 Salzburger Land
139 Schweiz
088 Tessin
144 Tirol
147 Wien

SPANIEN/PORTUGAL
051 Algarve, Lissabon
093 Andalusien
054 Barcelona
108 Costa Brava
025 Gran Canaria, Fuerteventura, Lanzarote
065 Kanarische Inseln
124 Madeira
132 Mallorca
007 Spanien Norden
118 Teneriffa, La Palma, La Gomera, El Hierro

SKANDINAVIEN/NORDEUROPA
057 Dänemark
029 Island
099 Norwegen Norden
072 Norwegen Süden
100 Schweden Süden, Stockholm

LÄNDERÜBERGREIFENDE BÄNDE
123 Donau – Von der Quelle bis zur Mündung
112 Freiburg, Basel, Colmar

AUSSEREUROPÄISCHE ZIELE
010 Ägypten
053 Australien Osten, Sydney
109 Australien Süden, Westen
107 China
024 Dubai, Abu Dhabi, VAE
036 Indien
027 Israel
111 Kalifornien
031 Kanada Osten
064 Kanada Westen
022 Namibia
068 Neuseeland
069 New York
086 Südafrika
012 Thailand

www.dumontreise.de